V&R

Dienst am Wort

Die Reihe für Gottesdienst und Gemeindearbeit

134

Vandenhoeck & Ruprecht

Jesus der Messias

Gottesdienste zur Messiasfrage

Hans-Helmar Auel (Hg.)

Vandenhoeck & Ruprecht

Für Sonne, Mond und Sterne:
Junia, Henriette, Abel-Immanuel Johannes (†),
Katharina, Jannis-Elia, Anna-Johanna

Mit einer Abbildung

Bibliografische Information der Deutschen Nationalbibliothek

Die Deutsche Nationalbibliothek verzeichnet diese Publikation in
der Deutschen Nationalbibliografie; detaillierte bibliografische Daten sind
im Internet über http://dnb.d-nb.de abrufbar.

ISBN 978-3-525-59528-2
ISBN 978-3-59528-3 (E-Book)

Umschlagabbildung:
thorn, © shutterstock, www.shutterstock.com

Satz: weckner media+print GmbH, Göttingen
Druck und Bindung: ⊕ Hubert & Co, Göttingen

Gedruckt auf alterungsbeständigem Papier.

Vorwort

Die elliptische Frage des Täufers Johannes (Mt 11,3) erhält eine zweifache Antwort. Die Christen sehen in dem Gekommenen den Verheißenen, während die Juden in dem Verheißenen den noch Kommenden erwarten. Den Hinweisen von Verheißung und Erfüllung gehen wir in diesem Buch nach. Ihm soll ein zweiter Teil mit dem Titel „Der gekreuzigte Messias" im nächsten Jahr folgen. Er nimmt die im Augenblick heftig diskutierte Frage auf, was es bedeutet, dass Jesus für uns gestorben ist.

Vorarbeiten erschienen zu Mt 3,13–17 (Pbl 137, 1997/1), Mk 7,31–37 (GPM 1996/1997, S. 354ff), Joh 3,31–36 (Pbl 140, 2000/12) und Joh 6,1–15 (HM 84, 2008/2009, 9). Sie wurden durchgesehen und überarbeitet.

Ich danke den mitarbeitenden Professoren für ihre Gesprächsbereitschaft und ihre Unterstützung bei dem Vorhaben, wissenschaftliche Theologie und Gemeindefrömmigkeit zu verbinden und die Bibel wieder in den Mittelpunkt unserer Verkündigung zu stellen.

Harle, Tag des Apostels und
Evangelisten Matthäus (21. September 2010)

Hans-Helmal Auel

Inhalt

Der nackte Leib Christi

„Ist nicht ... der Leib mehr denn die Kleidung?" *Mt 6,25[1]*

Gerhard Marcel Martin

„Leib Christi" – das ist ein christologisch, ekklesiologisch und eucharistisch viel behandeltes und ein theologisch seriöses Thema.[2] Der mögliche und reale Aspekt seiner Nacktheit kommt dabei freilich so gut wie nie in den Blick. Weil aber diese genauso elementar und unabweisbar wie peinlich ist, wird sie seit den Zeiten der Alten Kirche bedeckt und bedeckt gehalten.

Der nackte Crucifixus von Narbonne

Anekdotisch und ins Zentrum zielend mag hier der Hinweis auf die Wundergeschichte sein, die Gregor von Tours (540–594) über das Bild eines nur mit einem Leinentuch umschürzten Crucifixus in einer Kirche in Narbonne erzählt.[3] Dort erscheint dem Presbyter Basileus wiederholt eine „persona terribilis" und sagt zu ihm: „Ihr alle seid mit verschiedensten Kleidern bedeckt, und mich schaut ihr dauernd als Nackten an." Der Presbyter solle ihm ein Gewand besorgen. Der aber versteht diese Vision nicht und vergisst sie. Beim dritten Mal wird diese schreckenerregende Person unüberhörbar deutlich: „Habe ich dir nicht gesagt, dass du mir ein Ge-

---

1   Fast identisch zuerst veröffentlicht in: Michael Klessmann / Irmhild Liebau (Hg.): Leiblichkeit ist das Ende der Werke Gottes. Körper – Leib – Praktische Theologie, Göttingen 1997, 101–111.
2   Vgl. Gerhard Marcel Martin, Körperbild und „Leib Christi", in: Ev. Theol. 52 (1992) 402–413.
3   K. Wessel: Der nackte Crucifixus von Narbonne in: Rivista di archaeologia christiana 43 (1967) 333–345. Der Text von Gregor von Tours selbst in: Migne, PL, LXXI, 724f. Zu Provokationen im „Konfliktfeld Kunst – Kirche", gerade auch durch die Darstellung des mehr oder weniger entblößten Körpers Christi, vgl. das Themenheft „kunst und kirche" 4/89.

wand verschaffen sollst, damit ich nicht nackt wahrgenommen werde … Bedecke jenes Bild, in dem ich als Crucifixus erscheine, mit einem Leinentuch, damit nicht schnell der Untergang über dich hereinbricht." Der Presbyter erzählt es dem Bischof; dieser lässt das Bild mit einem Schleiertuch verhängen. Die Erzählung endet aber mit der Bemerkung, dass von Zeit zu Zeit dieses Tuch zur Andacht vor dem Bild entfernt wird.

K. Wessel hat versucht, diese Legende im Zusammenhang mit der Entwicklung der Darstellung von Nacktheit in der christlichen Kunst zu sehen. Zwar gab es im vierten und fünften Jahrhundert fast überhaupt noch keine Darstellungen des Gekreuzigten; aber an Bildern des Propheten Daniel unter den Löwen lässt sich die geschichtliche Bewegung von völliger Nacktheit im vierten Jahrhundert hin zu einer Bekleidung im fünften Jahrhundert gut verfolgen. Vorher scheint es im Bereich des Westens nicht anstößig gewesen zu sein, Menschen – auch heilige Menschen – nackt oder so gut wie nackt zu zeigen und zu sehen. Von diesem Zeitpunkt an behalten nur Adam und Eva ihre (bildliche) Nacktheit. Wer immer diese *persona terribilis* auch gewesen sein mag: Jedenfalls spricht in ihr auch das moralisch-geschmackliche frömmigkeitsgeschichtliche Über-Ich der Zeit Gregor von Tours.

Annäherungen an den Begriff und an das Phänomen „nackt"

Die Geschichte des Crucifixus von Narbonne macht von vornherein deutlich, dass „Nacktheit" sehr relativ ist. „Nacktheit" ist ein sozialer und kultureller Begriff, eine Wirklichkeit in der Kultur derer, die sich kleiden. „Nackt" ist jeweils das, was über das Maß und über die religiösen, sittlichen und sozialen Selbstverständlichkeiten hinweg und hinaus entblößt wird. Entsprechend lassen sich mit dem Medizinhistoriker Robert Jütte – z.B. im Neuhochdeutschen und im Mittelhochdeutschen – deutliche Varianten von Nacktheit ausfindig machen (wie es im Englischen bis heute die Unterscheidung zwischen „nacked" und „nude" gibt). Im Neuhochdeutschen reicht die Skala von „bekleidet" / „halbnackt" / „trikotnackt" bis zu „splitternackt"; im Mittelhochdeutschen von „beklidet" über „bis uff hembd" / „lybkleidern" bis zu „fadennackend". Weiter lassen sich Worte für die Nacktheit jeweiliger Körperzonen ausfindig machen. Jütte rekonstruiert die Geschichte von Toleranzgrenzen, die auch noch einmal in Bezug auf Lebensalter und sozialen Status innerhalb derselben Zeit variieren. Die Nacktheit der Kinder galt oft noch am ehesten tolerabel, die des Mannes mehr als die der Frau. „Tanz und Theater, Zeremonien und Empfänge, Hinrichtungen, Bittprozessionen, Umzüge, aber vor allem der Karneval" ermöglichten und erlaubten Entblößungen. In der Rollenübernahme des biblischen Lazarus wurde Unbekleidetheit akzeptiert.[4]

Weiter mit R. Jütte: „Nacktheit" hat seine besonderen Orte und Zeiten; sie gehört nur an bestimmte Orte (ins Haus, in die Badestube oder aber an religiös-utopische Orte).[5] Nacktheit gehört zur Geburt und zum Tod, aber auch zur Armut und zur Bestrafung sowie zu destruktiven oder libidinösen Aggressionen: Jemand wird ausgeraubt, sexuell bedrängt, beschämt und so oder anders an die gesellschaftlichen und kulturellen Grenzen gebracht.

Nach diesen kurzen Hinweisen auf Definitionen und Phänomenologien von Nacktheit mag deutlich geworden sein, dass es mir nicht um die (absolute) Nacktheit Jesu geht, sondern um die Frage, wie relativ nackt Jesus und auch die Jesusdarstellungen im Vergleich zu anderen Menschen, die ihn in der Tradition umgeben, und zu denen, die von ihm erzählen, ist. In welchem Grad von Nacktheit wird Christus gezeigt und gesehen, die die anderen nicht haben – und warum?

Das Bildprogramm und die Sexualität Christi in der Kunst der Renaissance

Um mich mit dieser Fragestellung auseinander zu setzen, beginne ich mit Marburger Lokalkolorit, mit den bildlichen Darstellungen des vergoldeten Lettners in der evangelischen Universitätskirche zu Marburg. Dieser Lettner stammt von dem Bildhauer Wilhelm

---

4 Robert Jütte: Der anstößige Körper. Anmerkungen zu einer Semiotik der Nacktheit, in: Klaus Schreiner/Norbert Schnitzler (Hg.): Gepeinigt, begehrt, vergessen. Symbolik und Sozialbezug des Körpers im späten Mittelalter und in der frühen Neuzeit, München 1992, 109–129, 119.
5 Vgl. ebd. 120f.

Lemke aus dem Jahre 1928, ist aus Lindenholz geschnitten und zeigt von links nach rechts die wichtigsten Stationen des Lebens Jesu: Verkündigung und Geburt des Herrn, Taufe, Todeskampf in Gethsemane, Grablegung, Ostern, Gang der Jünger nach Emmaus und die Ausgießung des Heiligen Geistes. Weinstöcke und Reben umranken und verbinden die einzelnen Figurengruppen. Was diese Darstellung überdeutlich macht: dass Jesus keineswegs nur als Crucifixus (fast) nackt dargestellt wird, sondern dass ihn weitgehende Unbekleidetheit, Blöße von Geburt an bis zur Grablegung geradezu charakterisiert.

Auf dem Lettner erscheint das neugeborene Kind („... er liegt dort elend, nackt und bloß"; EG 27, 2), der entblößte Körper Jesu in den Fluten des Jordan, sein nur durch ein ausgestrecktes Tuch leicht bedeckter nackter Leichnam und der fast tuchlos aus dem Grab sich erhebende Körper des Auferstandenen – in seiner bloßen Präsenz im scharfen Kontrast zu den verpanzerten und bewaffneten Körpern der Grabeswächter. Ergänzend aus den Bildprogrammen zu unserem Thema wären zu nennen: die Anbetung der Könige / die Beschneidung / die 10. Kreuzwegstation: Jesus wird seiner Kleider beraubt / die Geißelung und die Kreuzigung. An all diesen Stationen: der (relativ) nackte Leib Christi.

Ein besonders reiches und auch krasses Anschauungsmaterial zur radikalen Nacktheit Jesu findet sich in der Kunst der Renaissance. Leo Steinberg hat 1983 ein großes Werk zur „Sexualität Christi in der Kunst der Renaissance" vorgelegt, das kunstgeschichtlich und theologisch stark beachtet und diskutiert worden ist. Dieser Spur will ich im Folgenden – auch rein referierend, weil das Material schwer zugänglich und nicht übersetzt worden ist – nachgehen.

Steinberg geht von der Beobachtung aus, dass in der Renaissance – von vor 1400 bis in die Mitte des 16. Jahrhunderts – erstaunlich offen und oft in bildlichen Darstellungen des Christusgeschehens deutlich nicht nur der nackte Jesus, sondern auch und besonders seine Genitalien gezeigt werden – und dies nicht nur sehr demonstrativ auf Darstellungen des Jesuskindes, sondern auch auf Bildern des Schmerzensmannes und des toten Körpers Christi in Szenen der Grablegung und Beweinung. In den Maria-Kind-Darstellungen wertet Steinberg dies als unmissverständliches „Zeichen erotischer Kommunikation, sei sie fleischlich oder spirituell".[6] Zur Nacktheit Jesu in der Taufe verweist Steinberg auf die Vorstellung von der Taufe als neuer Geburt. Kirchenväter argumentierten, die Taufe schenke ein neues Kleid von Licht. Entsprechend fordern die Darstellungen der Taufe Christi, wenn es denn um Geburt und Wiedergeburt geht, seine Nacktheit. Oft wird von mittelalterlichen Künstlern das Wasser so opak gemalt, dass der Körper unsichtbar ist. Byzantinische Darstellungen lösen das Problem so, dass sie den nackten Jesus schließlich ohne Genitalien zeigen. Im Mittelalter gibt es einen Kompromiss des „*Christus pudicus*": Mit der linken Hand bedeckt Jesus seine Scham, die andere erteilt den Segen. Eine andere Lösung ist die Bekleidung mit einem Lendenschurz; aber gerade solch ein Kleidungsstück zeigt auf seine Weise, was verdeckt wird.[7]

Steinbergs Grundthese lautet, dass mit der voll dargestellten Leiblichkeit nichts anderes gezeigt werde als Gottes wirklicher „Abstieg in die Menschheit", also die umfassende Inkarnation, die Fleischwerdung Gottes.[8] Wenn Jesus in etlichen Buchminiaturen der Renaissancezeit bei der Geißelung am Kreuz nackt gezeigt werde, so demonstriere auch dies seine Auslieferung an und in die menschliche Natur.[9]

In der Beschäftigung mit Michelangelos „Auferstandenem Christus" in S. Maria sopra Minerva in Rom (1514–1520) möchte Steinberg nicht nur oder nicht wesentlich humanistische und antike wiedergewonnene Freiheit finden, sondern den theologischen Ausdruck der Verheißung, dass in Christus die menschliche Natur befreit ist von der Scham des ersten gefallenen Menschenpaares. Diese Nacktheit sei nicht identisch mit der antiken, die in dem Sinne unschuldig sei, dass sie der Scham im Sinn der christlichen Religion vorangehe. Erst im Auferstandenen werde die eschatologische Verheißung der Sündlosigkeit und einer gänzlich neuen „Schamlosigkeit" körperlich konkret und gezeigt. Es gehe also um eine sekundäre, neue, wiedergewonnene Nacktheit; und auf dieser

6 Leo Steinberg: The Sexuality of Christ in Renaissance Art and in Modern Oblivion, New York 1983,3.
7 Vgl. ebd. 134ff.
8 Ebd. 8.
9 Die mit Christus Gekreuzigten sind oft weniger entblößt als der *Christus Crucifixus,* vgl. ebd. 32, Anm. 31.

Spur werde auch die Freiheit und erlöste Menschlichkeit des nackten Jesuskindes verständlich: die demonstrative Darstellung des wiedergewonnenen Gartens Eden.[10]

Ein Einspruch und eine Zwischenbilanz

Caroline Walker Bynum, eine Kritikerin Steinbergs, versucht auf dessen Spuren, aber auch mit anderem Material andere Entdeckungen zu machen und andere Schwerpunkte zu setzen. Nach ihr war mittelalterliche Frömmigkeit gar nicht so sehr an der Sexualität Christi interessiert, sondern vielmehr an seinem strömenden lebendigen Körper: Christi Blut als Nahrung, die offene Seitenwunde als Brust oder als Ort der Geburt der Kirche, das blutende und nährende Fleisch Jesu überhaupt als Symbol der Selbstauslieferung und Erniedrigung Gottes („humanation").[11]

Aus der Frömmigkeitsliteratur der Zeit verweist Bynum auf die Verehrung der heiligen Vorhaut; Beschneidung galt als symbolische Vorwegereignung des blutigen Opfers des ganzen Körpers am Kreuz. Bynum leugnet historisch generell, dass es in der Renaissance ein vergleichbares Interesse an der Sexualität gegeben habe wie in der Moderne. Dann wären die Genitalien auch nicht interessant als Sexualorgane, sondern als Organ der Beschneidung und damit als Bild des verletzten, blutenden Fleisches. „Ich würde dem zustimmen, dass viele Bilder, die Steinberg diskutiert, tatsächlich direkt für die theologische Bedeutung des Körpers sprechen. Aber ich meine auch, dass die Bilder sich mit mehr körperlichen Aspekten beschäftigen, als Steinberg wahrnimmt."[12]

Nach Bynum sind die Bilder vor allem nicht auf Jesus als Mann in seiner Männlichkeit fixiert. Selbst bei der Beschneidung, die unübersehbar an einem männlichen Körper vollzogen wird, liegt das Interesse nicht bei der Sexualität, sondern bei dem Blut des Bundes und dem Blut als Leiden. Pointiert: „...was wir (mit

10 Ebd. 18–23.
11 Caroline Walker Bynum: The Body of Christ in the Later Middle Ages: A Reply to Leo Steinberg, in: Renaissance Quarterly 39 (1986) 399–439, 403; vgl. auch Elizabeth Petroff: Consolation of the Blessed, New York 1979.
12 C. Walker Bynum, a.a.O., 411, Anm. 28.

Christus) teilen, ist nicht ein Penis. Es ist nicht einmal Sexualität. Es ist die Tatsache, dass wir verletzt werden können. Wir leiden."[13] Dieses Leiden bezieht sich auf alle Glieder des Körpers. Bynum widerspricht also der „modernen Neigung, Sex interessanter zu finden als Nahrung, Leiden oder Rettung".[14]

Die keineswegs aufgesetzte, aber doch überraschende feministische Pointe ihrer Interpretation besteht darin, dass sie schließlich in mittelalterlicher Frömmigkeit Interesse an dem Leib Christi als einem weiblichen entdeckt: Christus als die die Kirche nährende Mutter; oder: die Kirche – konstitutiv weiblich vorgestellt – als Leib Christi.[15] Christi Fleisch ist dann nicht nur von einer Frau geboren, sondern lebt und funktioniert wie der Körper einer Frau: es blutet, es nährt, es gebiert. Entsprechend wird auch Christi Seitenwunde als Brust vorgestellt, aus der Blut fließt.[16]

Bynum verweist auf antike und mittelalterliche Medizin, die davon ausging, dass sich das Blut der Mutter in Brustmilch verwandelt. Blut galt überhaupt als elementare Körperflüssigkeit; und die antike Biologie sah alle menschlichen Ausflüsse – Menstruation, Schwitzen, Milch, Samen usw. – als „bluten" und in sich als analog an.[17] Bei ihrem Interpretationsansatz kann Bynum immerhin auf einige mittelalterliche Mystikerinnen, besonders aber auch auf die Theologin Juliane von Norwich (gest. nach 1416) verweisen: „… unser Retter ist unsere wahre Mutter, in der wir alle endlos geboren werden und aus deren Einflussbereich wir niemals kommen werden."[18]

Bynums beeindruckendes Fazit: „Mittelalterliche Symbole waren viel komplexer …, als es modernen Menschen bewusst ist … Statt moderne Dichotomien zurückzuübertragen auf mittelalterliche Malerei, sollten wir in mittelalterlicher Kunst und Literatur Spuren eines symbolischen Reichtums finden, der unserem eigenen Leben und unseren eigenen Ritualen zu fehlen scheint. … mittelalterliche Frömmigkeit wies das Fleisch nicht zurück – selbst weibliches

13 Ebd. 413; vgl. 412f.
14 Ebd. 413.
15 Ebd. 414.
16 Ebd. 423f.
17 Ebd. 421, 436.
18 418, vgl. 417f.

Fleisch nicht – als etwas, das verunreinigt. Vielmehr sah sie Fleisch als fruchtbar und verwundbar; und sie sah … die Fleischwerdung Gottes und die Fleischwerdung von uns allen als Anlass des Heils … wenn wir einen Perspektivenwechsel machen vom Körper als sexuell zum Körper als generativ, wenn wir Symbole finden wollen, die dem Leiden Würde und Bedeutung geben – einem Leiden, das wir nicht wegschaffen können und doch so akut fürchten – , dann können wir dafür Unterstützung finden in der Kunst und in der Theologie des späten Mittelalters."[19]

Auf der doppelten Interpretationslinie von Steinberg und Bynum wird deutlich, dass „Nacktheit Jesu" keineswegs nur verbunden ist mit dessen Auslieferung an Leiden und Sterben, mit Bestrafung und Beschämung, sondern mit einer umfassenden schutz- und wehrlosen Ausgesetztheit dem Leben und dem Tod gegenüber. „Die Füchse haben Gruben und die Vögel des Himmels Nester; der Sohn des Menschen dagegen hat nichts, wo er sein Haupt hinlegen kann." (Mt 8,20) Nacktheit: Das ist Statuslosigkeit und Übergang, das sind Extremsituationen zwischen der reinen Nacktheit ohne Scham im Paradies und der fraglosen unverletzbaren Herrlichkeit des Auferstehungsleibes. Der nackte Leib Christi zeigt Blöße da, wo es vielen gelingt, sich (noch) bedeckt zu halten. Aber gerade so offenbart dessen Bildspektrum den Schrecken und das Glück leibhaftiger Existenz. Gerade so ist dieser Leib präsent: sichtbar, erreichbar, berührbar, verletzbar. Das macht seine Lebendigkeit und seine Fähigkeit aus, Blicke und Phantasien verschiedenster Art auf sich zu ziehen. Jesu Körper, Subjekt eines Lebens in radikaler Liebe und in extremer Angst, wird zum Objekt schamloser Blicke und Begierden, aber auch religiöser Sehnsucht und frommen Gebets. In dieser Bedeutungsfülle wird das Bild des nackten Christus zum Kollektivsymbol; der *ecce homo* sammelt Erfahrungen, Ängste und Hoffnungen aller, die die *condition humain* mit ihm teilen.

Wo ist der nackte Leib Christi gegenwärtig?

Wo lebt, stirbt und aufersteht der so exponierte, ausgesetzte nackte Leib Christi heute? Wo schreit und schweigt, wo schwitzt und

19 Ebd. 438f.

blutet, wo weint und stöhnt er heute? Bei der Suche nach symbolischen Verdichtungen und künstlerischen Vergegenwärtigungen –
auch in der Theologie und Ikonographie der Volksfrömmigkeit –
dürfen die Spuren im gelebten Leben nicht übergangen oder gar
abgewertet werden. Der nackte Leib Christi ist präsent in dem
Judenjungen, der in Auschwitz am Galgen hängt, wie Eli Wiesel
erschütternd erschüttert erzählt.[20] Er ist präsent in den Leibern
und im Schicksal der ausgebeuteten unterdrückten und gefolterten
südamerikanischen Landarbeiter und in jeder Mutter, die weder
Ort noch Zeit hat, ihren Kindern das zu schenken, worum sie
selbst betrogen wird. Die Kunst, die den nackten Leib (Christi) zu
ihrem Gegenstand macht, kann und darf den Kontakt zum realen
geschundenen und geglückten Leben nicht verlieren – es sei denn
um den Preis von flachen Sensationen, von Kitsch und ästhetischer
Vermarktung.[21]

Medien gegenwärtiger Präsentsetzung des nackten Leibes Christi
scheinen mir – mehr oder weniger offensichtlich, oft aber mit kaum
übersehenden Anspielungen auf entsprechende ikonographische und
dramatische Traditionen – Spielarten des radikalen Körpertheaters
zu sein, wie es in den 60er und 70er Jahren des zwanzigsten Jahrhunderts, an durchaus verschiedenen Orten und weitgehend unabhängig voneinander, entwickelt worden ist. Auf der klassischen
Bühne, aber auch in Aktionskunst, in *happenings* und *perfomances*
exponiert sich der nackte Körper, windet sich, bricht zusammen

---

20 Vgl. Jürgen Moltmann: Der gekreuzigte Gott. Das Kreuz Christi als Grund
   und Kritik christlicher Theologie, München 1972, 262.
21 Literarisch ließe sich exemplarisch verweisen auf Günter Herburger: Jesus
   in Osaka. Zukunftsroman, Neuwied/Berlin 1970; vgl. dazu auch Karl-Josef
   Kuschel: Jesus in der deutschsprachigen Gegenwartsliteratur, München/Zürich
   1987, bes. 196ff; vgl. auch G.M. Martin, a.a.O., 411f; hinweisen möchte
   ich auf zwei von Björn Krondorfer herausgegebene Reader zur hier verhandel-
   ten Fragestellung: (1) Men's Bodies, Men's Gods, Male Identities in a
   (Post-)Christian Culture, New York/London 1996, dort bes.: Robin Haw-
   ley Gorsline: Facing the Body on the Cross: A Gay Man's Reflections on
   Passion and Crucifixion, 125–145 (2) Men and Masculinities in Christian-
   ity and Judaism, London 2009, dort bes.: Scott Haldeman: Receptivity
   and Revelation: A Spirituality of Gay Male Sex, 382–392/Ronald E.Long:
   The Sacrality of Male Beauty and Homosex, 395–407/kritisch dazu: Graham
   Ward: Bodies: The Displaced Body of Jesus Christ, 98–112.

und richtet sich wieder auf, schreit, schwitzt, blutet, wird begehrt, geküsst, entblößt, geschlagen, aufgerissen und angebetet.

Berühmt und berüchtigt sind die seit 1960 realisierten „Aktionen" von Hermann Nitsch in seinem „Orgien Mysterien Theater", in denen es um den Umgang mit allen möglichen Lebenssubstanzen und -flüssigkeiten geht: durch archaische Riten und durch von Kollektivneurosen befreiendes Ausagieren tabuierter Aggressionen hin zur „Auferstehung". Nitsch begibt sich mit anderen nackten Körpern ins eigene Werk und durchlebt aktiv Geburt, Sexualität, Tod und den Ausgang: das Fest des Lebens, „das unerschütterliche Bekenntnis einer unbedingten Lebens- und Seinsbejahung".[22] „In den Aktionen, in dem von Musik umgebenen Gesamtkunstwerk, gewissermaßen als dessen Mittelpunkt, ereignet sich der agierende menschliche Körper als sich bewegende lebendige Plastik, die bis auf ihre Nacktheit, bis auf die Sichtbarkeit der Geschlechtsteile enthüllt wird. Der nackte Körper ist mit den wichtigsten und meisten Tabus verbunden, wird von ihnen betroffen. Noch nie hat sich ernst zu nehmendes Theater so sehr mit dem Abbau von Tabuiertem beschäftigt."[23]

In einem 1989 auf die Bitte von Adolf Holl entstandenen Beitrag „Mein Verhältnis zum Christentum" wird überdeutlich, wie stark Nitsch von den Riten des Katholizismus, vom „Mythos vom Leiden und Sterben des Erlösers und von seiner triumphalen Auferstehung (beeindruckt)" war und immer noch ist.[24]

In der Variationsbreite der Theaterbewegung, die den Körper in all seinen Aktivitäten und Passionen, in seiner Nacktheit, seiner Schönheit und seiner absoluten Qual, zeigt, scheint mir die Arbeit des Theaterlaboratoriums des Polen Jerzy Grotowski am sublimiertesten, spirituellsten und körperlich am virtuosesten zu sein. Darauf aber kann hier nur verwiesen werden.[25]

22 Hermann Nitsch: Das Orgien Mysterien Theater. Manifeste / Aufsätze / Vorträge, Salzburg / Wien 1990, 150.
23 Ebd. 33
24 Ebd. 142, vgl. 152f
25 Zu J. Grotowski vgl. Gerhard Marcel Martin: Sachbuch Bibliodrama. Praxis und Theorie, Stuttgart ²2001, 16,21f / Marcus A. Friedrich: Liturgische Körper, Stuttgart 2001, 186–277.

Ein letzter Hinweis aus dem Bereich des Körpertheaters soll dem japanischen Butoh-Tanz gelten, der seinen Ursprung Ende der 50er / Anfang der 60er Jahre hat. Butoh als bewusst a- und anti-westliche Bewegungsform basiert ganz auf elementarer Körpererfahrung und -erinnerung Japans; dazu gehören Traditionen des Schamanismus, der Körpergeschichte japanischer Reisbauern genauso wie Hiroshima und Nagasaki.[26] Butoh Künstler setzen ihren oft nackten Körper völlig ein und liefern ihn den Steinen und den Stürmen, dem reißenden Wasser und den Bewegungen anderer Körper aus, der sexuellen Nähe, der Vergewaltigung und der Folter. Einer der führenden Butoh Tänzer, Tatsumi Hijikata (1928–1986), hat im Durcherleben und Zeigen von Erdverbundenheit, Armut, Leid, Opfer und Tod eine Tanzwirklichkeit geschaffen, die den Namen Ankoku Butoh, Tanz der Dunkelheit trägt. „Von Anfang an hat Hijikata gesagt, dass Butoh der ‚Kadaver‘ sei, der sich um jeden Preis, mit aller Leidenschaftlichkeit aufrichten wolle."[27] Auch ohne bewusste und unbewusste Anspielungen wird für mich im Butoh generell, besonders aber im Ankoku Butoh das Grundmuster, die Grunderfahrung des nackten Leibes, wie sie sich für die westliche christlich geprägte Welt am Leib Christi manifestiert, deutlich:

Du ans Kreuz genagelt
aus der Last des Leibes
breitest du die Arme
wie kaputte Flügel
über unsere Ängste.

26 Masakatsu Gunji: Die Wiederentdeckung des japanischen Körpers, in: Michael Haerdter / Sumie Kawai (Hg.): Die Rebellion des Körpers. BUTOH. Ein Tanz aus Japan, Berlin 1986, 95–100, 99: „Das von den Atombomben auf Hiroshima und Nagasaki hervorgerufene Trauma, das Erlebnis des verlorenen Krieges, haben vielleicht den ersten und eigentlichen Impuls zur Entstehung des Butoh gegeben. Die Erfahrung des von der Bombe entstellten oder zerfetzen Körper schlägt sich im Bild des Körpers, das uns Butoh vermittelt, unmittelbar nieder. Die sich in der Dunkelheit vorantastenden Körper sind ein ‚Material‘, mit dem der frühere moderne Tanz nicht hätte arbeiten können. Von ihm her gesehen beginnt der Weg des Butoh als die radikale Verleugnung seiner Körper- und Formensprache."

27 Vgl. in dem in Anm. 26 genannten Buch bes. Nario Gohda: Ankoku Butoh 141–144, 142f Zitat aus dem Beitrag Min Tanakas in eben diesem Buch mit dem Titel: Mein Tanz will Fragen stellen, 77–84, 79.

Hängst du in der Höhe,
gehst du in die Tiefe,
kennst du, liebst du, schützt du,
sammelst und vereinst du
die Zerstreuten alle.[28]

Noch einmal: Der nackte Crucifixus von Narbonne

Was wäre passiert, wenn der Presbyter Basileus der Traumerscheinung gegenüber, von der am Anfang meines Beitrags die Rede war, weniger vergesslich und am Ende weniger gehorsam gewesen wäre? Aus tiefenpsychologischer Traumarbeit sind Übungen bekannt, Traumgestalten, die erschrecken, nach ihrem Namen zu fragen, sie in einen Dialog zu verwickeln und damit deren und die eigene Wandlung zu befördern.

Ich bin nicht Gregor von Tours; ich schreibe auch keine Büchersammlungen voller Bilder; ich bin auch kein Traum-Mystagoge. Trotzdem möchte ich zu solcher möglichen Konfrontation ganz zum Schluss ein paar Phantasien äußern: Ob Basileus, wäre ihm wirklich – religiös mächtig – der Christus erschienen, so ignorant und vergesslich gewesen wäre? Ob diese *persona terribilis* – gestellt und befragt – wirklich von sich behauptet hätte und behaupten würde, sie sei der Christus? Ob, wenn diese Schreckenserscheinung, weil als moralisch-geschmackliches frömmigkeitsgeschichtliches Über-Ich der Zeit Gregor von Tours entlarvt, gezwungen worden wäre, in den Hintergrund zurückzutreten, und ob dann eine andere Bilderscheinung hervorgetreten wäre: der *Christus nudus*,

---

28 Meine Übersetzung eines Textes von Anders Frostenson (1969), in: Beratungsstelle für Gestaltung von Gottesdiensten und Gemeindeveranstaltungen (Hg.): VII Frankfurter Werkstatt-Liederheft 1976, Lied 5.

der Körper des lebendigen, schönen und schutzlosen, des verhöhn-
ten und des angebeteten, des blutenden und des auferstandenen
Menschensohnes? Vielleicht hätte er die alte Darstellung seiner
selbst verteidigt und den rechten Gebrauch dieses Bildes gelehrt.[29]

---

29 Bei der essayistischen Bearbeitung eines so komplexen Themas wie „Der
nackte Leib Christi" scheint es mir wichtig, am Schluss sich und den Leser
Innen Rechenschaft darüber abzulegen, welche Aspekte überhaupt nicht
oder zumindest nicht hinreichend in den Blick gekommen sind: In meinem
Beitrag bin ich bewusst vor-psychoanalytisch und auch vor-klinisch bzw.
vor-psychopathologisch geblieben. Darum sind für diesmal die Themenbe-
reiche Tabuierung von Nacktheit und Scham, Exhibitionismus und Voyeu-
rismus, Sadismus und Masochismus außen vor geblieben. Erste psychoana-
lytische und theologische Annäherungen zu diesen Themenbereichen
finden sich in neuerer Fachliteratur ausführlicher an den verschiedensten
Stellen im Werk Eugen Drewermanns, vgl. bes.: Zur Frage der moraltheo-
logischen Beurteilung bestimmter Formen sexuellen Fehlverhaltens, in:
ders.: Psychoanalyse und Moraltheologie. Bd. 2: Wege und Umwege der
Liebe, Mainz 1983, 162–225; ders.: Strukturen des Bösen. Teil 2: Die jah-
wistische Urgeschichte in psychoanalytischer Sicht. Sonderausgabe, Pader-
born / München / Wien / Zürich 1988, 203–221 (zu 1 Mos 3, 7. 8–23);
ders.: Das Markusevangelium. Zweiter Teil: Mk 9, 14–16, 20, Olten / Frei-
burg i.Br. 1988 (darin zu Mk 15, 16–20b: 599–670).

Erwartung eines anderen Herrschers

Ohne königliche Macht
Sacharja 9, 9.10

Werner H. Schmidt

I

Um des Titels „Sohn" Gottes willen nimmt das Neue Testament mehrfach Ps 2 auf. Der Psalm beschreibt – in Tradition des altorientalischen, speziell ägyptischen Königsbildes – einen Herrscher, der, durch Gott eingesetzt, „mit eisernem Stab schlagen" kann. Kommt so mit der Anknüpfung nicht zugleich der Gegensatz von Altem und Neuem Testament deutlich genug zum Ausdruck? Allerdings wird jene Aussage eingeschränkt: Das Vertrauen, zu dem der Psalm abschließend aufruft, gilt nicht dem König, sondern Gott.[1]

Das Königsbild stößt im Alten Testament auf ein Verständnis Gottes, das durch das Gedächtnis an Gottes Befreiungstat geprägt ist: Er allein rettete[2], und diese Erinnerung wird als Anstoß wachgehalten. Die Unterscheidung von Gottes Wirken und königlichem Handeln erscheint, verallgemeinert gesprochen, wie ein „Grundprinzip" für die Gestaltung der Überlieferung.

---

1 Ps 2,12b schließt an Ps 1 an, um beide Psalmen zu verbinden. In Handschriften von Apg 13,33 wird Ps 2 als Psalm 1 zitiert. Entweder ist Ps 1 als Proömium nicht mitgezählt oder Ps 1 – 2 werden als Einheit angesehen. Bezeugt die Stellung von Ps 2 vor dem Davidpsalter bereits eine eschatologische Deutung?

2 Die Überlieferung kann ausdrücklich menschliche Mitwirkung ausschließen (Ex 14,13f).

Wie versteht der alttestamentliche Text innerhalb seines Horizontes den „König", der „kommen" soll? Soll er das Volk von Fremdherrschaft befreien, um es zu Sieg und Wohlstand zu führen, ihm Macht und Größe zu verleihen? Das Alte Testament hat recht weitgehend zwischen Aussagen über den regierenden Herrscher, über den König als Amtsträger in den Psalmen und über den erwarteten Herrscher unterschieden.[3]

Das „große Licht", das dem „Volk in der Finsternis" scheint, ist nicht der erwartete Herrscher, sondern Gott, der die soldatische Ausrüstung einschließlich der Stiefel vernichtet, bevor der Sohn mit dem Titel „Friedefürst" „geboren", ihm die Herrschaft „gegeben" (Jes 9,1–6) wird. Das Schlusswort der Verheißung kündigt nochmals, zusammenfassend und bestätigend, Gottes Tat an: Sein „Eifer wird dies vollbringen". Die Weissagung des Jeremiabuches (23,5f) lässt den künftigen König gar einen Namen oder Ehrentitel tragen, der den eigentlichen Heilsbringer zum Ausdruck bringt, nämlich unmittelbar auf Gott selbst verweist: „Jahwe / Der HERR ist unser Heil / unsere Gerechtigkeit".

II

Im Sacharjabuch (2,14 bzw. 2,10) geht ein auffällig ähnlicher Aufruf zur Freude mit der Anrede an die Gemeinde voraus.[4] Sach 9,9f nimmt ihn in Struktur und Motiven auf, um in die Freude über Gottes Kommen einzustimmen und sie auf das Kommen des Königs, der gleichsam in Gottes Namen auftritt, zu übertragen. Umgekehrt wirkt der „messianische" Text wie eine Entfaltung oder Erläuterung der Freude über Gottes Kommen. So erscheint beides, die doppelte Einstellung auf die Zukunft, miteinander im Einklang.

---

3 Was etwa Ps 72 von der Amtsperson ohne Namensnennung erwarten kann, wagt das Alte Testament so nicht zu sagen, sobald eine konkrete Person mit Namen genannt wird; vgl. etwa Jer 23,13–17.

4 Die Berührungen mit Sach 2,14 (bzw. 2,10): „Frohlocke und freue dich, Tochter Zion; denn siehe, ich komme und wohne in deiner Mitte!" sind eng: a) Aufforderung zur Freude, b) Anrede an die Tochter Zion, c) „siehe", d) „kommen". Vgl. auch Zeph 3,14 und Jes 62,11.

Im Rahmen der Heilserwartung rufen Mahnworte auf, sich im Heute auf das Morgen einzustimmen, sich mit seiner Einstellung wie mit seinem Verhalten auf die angekündigte Zukunft einzulassen, die zugesagte Lebensmöglichkeit an- und vorwegzunehmen – sei es durch Umkehr[5], Zuversicht und Freude oder auf andere Weise.[6] Der Ausblick auf die Zukunft kann und soll bereits in der Gegenwart mit der Freiheit von Angst oder Sorge Mut und Hoffnung geben.

III

Nach der Verheißung von Sach 9,9f heißt der Zukunftsherrscher zwar „König"[7] – wieweit zeigt er aber noch königliche Eigenschaften? Verschiedene Prädikate nehmen das traditionelle Königsbild auf, um es letztlich tiefgreifend neu zu verstehen.

1. Recht und Gerechtigkeit zu üben gehört zu den dem Alten Orient wie Israel vertrauten Aufgaben des Königs.[8] Er soll „in Gottesfurcht" „gerecht herrschen" (2 Sam 23,3); erwartet wird ein „gerechter / rechtmäßiger Spross" (Jer 23,5). Im Kontext der folgenden Prädikate kann man überlegen, ob „*gerecht*" hier nicht eine passive Nuance erhält: „einer, der Recht bekommen" hat.[9]

---

5   Ein frühes Zeugnis findet sich bei Jeremia: „Kehre um, du Abtrünnige Israel, … – ich blicke nicht (mehr) ungnädig auf euch; denn gnädig bin ich …" (3,12f; vgl. Hos 14,2ff) Die Struktur wird von Deuterojesaja weitergeführt: „Kehre um zu mir; denn ich habe dich erlöst!" (Jes 44,22; vgl. 55,6f; Ez 18,21ff u.a.). Buße ist nicht Vorbedingung des Heils, vielmehr ist dieses Voraussetzung und Begründung für den Aufruf zur Umkehr. Ist damit nicht die Redestruktur vorgegeben, in der das Markus- und Matthäus-Evangelium die Botschaft Jesu (Mk 1,15; Mt 4,17; vgl. 3,2; Lk 21,28) zusammenfassen?

6   Jes 42,10ff; 49,13; 52,9; auch 54,1; Ps 97,1; 149,2 u.a. bzw. Jer 29,5–7.28; Jes 56,1; 60,1 u.a.

7   Vgl. Jer 23,5f; Ez 37,24.

8   Spr 16,12f; 20,28; 29,14; Ps 45,5ff; 72; 2 Sam 23,3f; 1 Kön 3; Jer 22,15f; in der Erwartung: 23,5; Jes 9,6; 11,3ff; auch 32,1.

9   Nach K.Elliger (Das Buch der Zwölf Kleinen Propheten II: ATD 25, [6]1967, 149) wird die Aussage „zunächst in passivischem Sinne zu verstehen sein". Noah wird „gerecht angesehen" (Gen 7,1; vgl. 6,8 J gegenüber Ez 14,14.20; Gen 6,9 P). Vgl. Jes 50,8; 53,11; Lk 23,47.

2. Nach der messianischen Erwartung Jer 23,6 „wird Juda *geholfen*".[10] Dass nicht nur dem Volk, sondern dem König selbst Beistand zuteil wird, weiß schon der Königspsalm: „Jahwe / Der HERR hilft seinem Gesalbten."[11] Ein jüngerer Hymnus (Ps 33,16f) kann eigene Macht und Gottes Güte geradezu gegenüberstellen: „Dem König wird nicht geholfen durch die Stärke des Heeres"; „trügerisch" sind Rosse, „retten nicht". Aus solchen Zusammenhängen wird die Aussage von Sach 9,9 verständlich: Der Erwartete ist (nach dem hebräischen Textzeugnis) nicht „Helfer", sondern sowohl „hilfsbedürftig", „auf Hilfe angewiesen" als auch „Hilfe erfahrend".[12]

3. Eigentlich ist es Aufgabe des Königs, den *Armen*, Bedrängten und Hilflosen zu helfen (Ps 72,12f), jetzt ist der künftige König selbst zum „Armen" geworden, dem „geholfen" werden muss und wird. Hofft die ältere Weissagung, dass der erwartete Spross „die Elenden mit Gerechtigkeit richtet und über die Gebeugten des Landes in Geradheit entscheidet (Jes 11,4), so wird hier deutlich eine auffällig schärfere, zugespitzte Aussage gewagt: Der König gilt selbst als "arm" oder "demütig".[13] Sachlich besteht ein Zusammenhang mit der prophetischen Aussage.[14] Sie entstammt kaum prophetischer Überlieferung, entspricht eher dem Selbstverständnis der Psalmbeter, wie es in Klage- und Dankliedern (Ps 86,1f) zum Ausdruck kommt: „Ich bin arm …; hilf du, mein Gott, deinem Knecht!"[15] Können diese Psalmbeter darum nicht urteilen: Er ist einer von uns?

---

10 Vgl. Dtn 33,29: „Heil dir …, Volk, das von Jahwe Hilfe erfährt!"; 2 Sam 22 (= Ps 18),28.

11 Ps 20,7; vgl. V 10; 2 Sam 22 (= Ps 18),4.51; auch vom Gottesknecht Jes 50,7.

12 Die revidierte Fassung der Elberfelder Übersetzung gibt in der Anmerkung an: „ein Geretteter".

13 Die beiden Bedeutungen (sozial) „arm" und (religiös) „demütig" können ineinander übergehen und sind noch nicht grundsätzlich getrennt.

14 Vielfältig verbindet sich die Bezeichnung „arm" mit der Bitte um oder der Erfahrung von „Hilfe": Ps 34,7; 35,10; 40,18; 69,30; 70,6; 86,1f u.a.; „arm" heißt zugleich auf Gottes „Hilfe" angewiesen. Vgl. auch Jes 57,15; 61,1 u.a.

15 Vgl. Ps 51,19; Jes 61,1; Mt 5,3.

Meist folgt die deutsche Übersetzung von Sach 9,9f dem griechischen, „sachlich" abweichenden Text; so entsteht ein zwiespältiges Bild, das im Hebräischen viel eindeutiger ist.[16] Die griechische Übersetzung, der sich andere mit ähnlicher Intention anschließen, vollzieht – in sich konsequent – zwei einschneidende, sich entsprechende Änderungen, wandelt nämlich die hebräische passive Form „jemand, dem geholfen wird" in ein Aktiv um und schreibt (durch Umgestaltung der ersten in die dritte Person) die Aufgabe der Abschaffung der Kriegsgeräte demgemäß dem König zu. So wird aus dem erwarteten „auf Hilfe angewiesenen" König ein („siegreicher") „Helfer" oder „Heiland" (Vulg.: *salvator*), der anstelle Gottes – im Sinne des traditionellen Königsbildes – die Befreiungstat ausübt.[17] Jene Passivformulierung bereitet aber die – in alttestamentlicher Überlieferung verwurzelte – Gottesaussage (V 10a) vor. Mit dem auffälligen Wechsel der Person verdient der hebräische Text als schwierigere Lesart zweifellos den Vorzug.

Wagt man über den erkennbaren Textbefund hinauszugehen, kann man zwischen beiden Aussagen vermitteln und in einem tieferen Sinn auch das „Recht" der Änderung anerkennen: Weil der Erwartete der Hilfe bedürftig ist und sie erfährt, kann er Helfer[18], als Empfangender aktiv-tätig sein.

4. Nicht die Feinde selbst, vielmehr nur – wie es schon die Weissagung Jes 9,3f ankündigt – das *Kriegswerkzeug*, Pferd mit Wagen und der Kriegsbogen, werden abgeschafft. Die Tat vollzieht Gott selbst – gemäß alter Tradition[19] sowie nach im

16 Vgl. W.H.Schmidt, Die Ohnmacht des Messias (1969): Vielfalt und Einheit alttestamentlichen Glaubens I (1995) 154–170; auch: Alttestamentlicher Glaube ([10]2007) § 12d. Die Ausführungen schließen sich an den Beitrag an: Hoffnung auf einen armen König. Sach 9,9f als letzte messianische Weissagung des Alten Testaments: Jesus Christus als die Mitte der Schrift. FS O. Hofius. BZNW 86 (1997) 689–709.

17 Sollte „der Stellvertreter Jahwes ... wie Jahwe selbst", nämlich „gerecht und Helfer" (Jes 45,21), sein (W.Rudolph, KAT XIII/4, 1976, 177)?

18 „Er ist gerecht, ein Helfer wert, Sanftmütigkeit ist sein Gefährt"(EG 1,2).

19 Vgl. Ex 15,21; dazu 14,25ff; auch Ps 118,14ff u.v.a. –Auch in dem ganz anderen, weisheitlich-individuellen Bereich behält sich Gott selbst die Herstellung des Tun-Ergehen-Zusammenhangs vor; Vergeltung ist seine Sache (Spr 20,22; vgl. 24,12; 1 Sam 24,13; auch Röm 12,19).

weiteren Sinne prophetischer Hoffnung. Der Zionspsalm (46,9f) kann auffordern:

„Geht hin und schauet die Werke Jahwes …,
der den Kriegen steuert (sie beendet) bis ans Ende der Erde!"

Was hier quer zu allgemeiner Erfahrung als bereits gegenwärtig bekannt wird, wird von Gott für die Zukunft erwartet. Diese Verheißung steht zweifach in prophetischer Tradition, einerseits durch den Gegensatz zum Vertrauen auf Rosse oder Heeresmacht[20], andererseits durch die Formulierung in der ersten Person, in der sich Gottes Ichrede verbirgt. Sie charakterisiert nicht nur – allgemein – prophetische Verkündigung, sondern begegnet auch – speziell – in der Ankündigung der Beseitigung von Waffen[21] sowie in messianischen Weissagungen[22]. Dass der König nicht selbst von dem Krieg und dessen Machtmitteln befreit, passt zu seiner zeichenhaft dargestellten Armut.

Unter den Ehrennamen von Jes 9,5 wird dem erwarteten Herrscher zwar der Titel „starker Gott" (Luther: „Gottheld") verliehen; das bedrückende Joch nimmt aber Gott selbst von der Schulter (9,2ff). Entsprechend ist hier eine militärisch-politische Tätigkeit des künftigen „Königs" ausgespart. Damit wird gegen die – durch den alten Orient vorgegebene – Tradition die spezifisch israelitische Überlieferung kritisch ins Feld geführt und erweist sich als stärker. So kann die messianische Herrschaft wirklich friedlich sein. Aus dem eigenen Land[23] werden die – beispielhaft genannten – Waffen beseitigt. Was die Verheißung Jes 2,4 (Mi 4,3) als Handeln der Völker beschreibt, die,

---

20 Jes 30,15f; 31,1.3; vgl. Sach 4,6; 10,5; auch Ps 20,8; 33,17; 147,10 u.a.

21 Vgl. Hos 1,5.7; 2,20; Hg 2,21f; Mi 5,9; auch Sach 12,4.

22 Vgl. Jer 23,5; Ez 34,23f; auch Sach 3,8 u.a.

23 Da „der Krieg künftig kein politisches Mittel mehr sein soll" beginnt Gott „mit der Abrüstung in seinem eigenen Volk: Er wird dafür sorgen, daß Kampfwagen, Streitrosse und Kriegsbogen (der Bogen steht hier für alle Waffen) aus dem Territorium Israels verschwinden" (W. Rudolph ([o. Anm. 17] 181). Jerusalem und Ephraim meinen wohl den Süden mit dem – in den politischen Umbrüchen verbliebenen – Rest des Nordens. Nach W. Rudolph (ebd.) „wird vorausgesetzt, daß in der Endzeit auch die Angehörigen des früheren Nordreichs heimgekehrt sind und ihre alten Wohnsitze wieder einnehmen"; vgl. Sach 10,6ff; Jer 3,14ff u.a.

durch Gottes Wort belehrt, die Waffen umschmieden, gilt sinn-
gemäß auch hier: Der erwartete Frieden wird das eine Volk
übergreifen.

5. Bildhaft ist ein weiteres Kennzeichen: Der König reitet auf einem
Esel. Dieser ist hier nicht nur nach uraltem Brauch[24] fürstliches
Zeichen, sondern im Gegensatz zu dem unmittelbar darauf
genannten Pferd als Kriegstier zumindest zugleich Symbol für
Niedrigkeit und Frieden. Der König, der statt auf Pferd und
Wagen[25] auf diesem Reittier kommt, ist nicht erhaben-hoch-
mütig, sondern friedliebend-friedfertig.

6. Der künftige Herrscher *„verkündet* Frieden / Heil den Völkern",
übt sein Amt statt mit „eisernem Stab bzw. Szepter" (Ps 2,9)[26],
vielmehr mit dem „Szepter seines Mundes" (Jes 11,4) aus. Diese
Umdeutung oder Verwandlung königlicher Symbolik wird hier
weitergeführt, indem die Friedensherrschaft (Jes 9,5) zur Friedensbotschaft, zum *Wort* des Friedens, wird. Handelt es sich
überhaupt um die – übliche – Tätigkeit eines Königs? Eher ist
hier die Aufgabe des *Propheten*[27] auf den König übertragen; insofern gleicht der Herrscher dem Boten.

7. Heißt der künftige Herrscher „Friedefürst" (Jes 9,5)[28], so bringt
er nach dieser letzten Weissagung des Alten Testaments durch
seine Botschaft weltweit *„Frieden".*[29]

---

24 Vgl. Gen 49,11; 22,3; Ri 5,10; 10,4; 2 Sam 19,27;1 Kön 1,33.38.
25 Vgl. Jer 17,25; 22,4; auch 2 Sam 15,1; 1 Kön 1,5 u.a. K.Elliger hebt hervor,
   dass „der König Streitwagen und Kriegsroß für seinen persönlichen Gebrauch
   verschmäht".
26 Vgl. Ps 45,7; Jes 14,5 Ähnlich ist der Verheißene nicht mit dem Schwert
   (Ps 45,4; vgl. 2 Sam 20,8; Jes 5,27), sondern mit „Gerechtigkeit" (Jes 11,5)
   gegürtet.
27 Vgl. Jer 1,6f; 20,8f; 23,28; auch Dtn 18,18ff u.a.
28 „Dies(er) ist (der) Friede / (das) Heil" (Mi 5,4a; vgl. Eph 2,14).
29 Da der Text Jerusalem als Ort nennt, aus dem das Kriegsross entfernt werden
   soll, mag das Wortspiel anklingen: In Jerusalem treffen sich „Gerechtigkeit"
   und Schalom „Frieden / Heil" (Ps 85,11f; 122,7f; vgl. 45,5.7f); was sich dort
   nach der (Zion-)Tradition vorfinden sollte, wird nach prophetischer Einsicht
   erst erwartet (vgl. Jes 1,26 gegenüber 1,21; auch 2,4; 28,16f u.a.), so dass sich
   in der Verheißung wieder ein kritischer Aspekt verbirgt.

8. Die Herrschaft des Erwarteten ist räumlich unbegrenzt, reicht *weltweit,* „von Meer zu Meer, vom Strom bis an die Enden der Erde" (Ps 72,8; Sach 9,10). Diese universale, die damalige Welt umgreifende Ausdehnung ist ansatzweise durch die Königstradition vorgegeben, findet sich im Zeugnis von Gottes Königsherrschaft[30] und wird in einem Nachtrag auch in die messianische Weissagung Mi 5,3 aufgenommen: „Er wird groß sein bis an die Enden der Erde."

Demnach ist der Erwartete einerseits „arm" und auf Gottes Hilfe angewiesen, andererseits ein weltweiter Friedensherrscher. Von Einzelbezügen abgesehen, werden die sog. messianischen Weissagungen zusammengehalten durch Themen wie Gerechtigkeit, Heil / Friede oder die Bezogenheit des künftigen Herrschers auf Gott und die Abhängigkeit von ihm.[31] So wird man zusammenfassend die Tendenz erkennen dürfen: Die Macht oder Herrschaftsgewalt des Erwarteten nimmt ab, sein Herrschaftsbereich zu.

Dieser König gilt nicht als politischer Befreier, spricht keine (nur) nationale Hoffnung aus, setzt nicht ein Volk in die Herrschaft über andere Völker ein.[32] Über den Ort Jerusalem hinaus wird ein zeitgeschichtlicher Bezug nicht genannt. – Anders als Gerichtsankündigungen durch die Anklage werden Heilsweissagungen in der Regel[33] nicht mit menschlichem Verhalten begründet. Darum verbirgt sich in diesem Schweigen letztlich auch eine theo-

---

30 Vgl. vom König Ps 2,8; 89,26; von Gottes Königsherrschaft Ps 47;Jes 6,3.5; bes. im Zusammenhang der Beendigung des Krieges Ps 46,10 sowie Jes 2,2–4; Mi 4,1–3 u.a.

31 Vgl. etwa auch Jes 11,2: „den Geist ... der (Ehr-)Furcht vor Jahwe" oder Mi 5,1.3: Der Herrscher wird „mir", Gott, „hervorgehen" und „in Jahwes Kraft, in der Erhabenheit des Namens Jahwes, unseres Gottes" sein Hirtenamt wahrnehmen.

32 Diese Zukunft kann als (eschatologisch-)*endgültig,* unüberbietbar erscheinen: „kein Ende" (Jes 9,6) – ein Zug, der durch Abschaffung der Waffen anschaulich wird: Man braucht das Kriegshandwerk „nicht mehr zu lernen" (Jes 2,4; vgl. Jer 31,34f). Besteht nach Jes 9,6 keine zeitliche, so nach Sach 9,10 auch keine räumliche Grenze (mehr).

33 Eine gewisse Ausnahme bilden zwar nicht ausdrücklich, aber durch den Erzählzusammenhang, Heilsweissagungen an einzelne; vgl. Jer 39,15ff (mit 38,7ff); 45,1ff (mit 36,4ff).

logische Intention. Außerdem fehlt über die Andeutung „*dein* König"[34] hinaus eine ausdrückliche Angabe über die Herkunft, die Anknüpfung an das Herrscherhaus oder den Vergleich mit David[35]. So wird höchstens angedeutet oder bleibt gar offen, woher und wann der Erwartete kommen soll, auch wer er genauer ist.[36]

IV

Wieweit handelt es sich überhaupt noch um einen König, nicht eher um einen Propheten – ähnlich einer Gestalt wie dem *Gottesknecht*, der ebenfalls gerecht, demütig, ja verachtet ist, den Völkern Heil bringt? Jedenfalls bestehen mehrere Gemeinsamkeiten, wie a) die völkerübergreifende Verkündigung (Jes 42,1.4)[37], b) die weltweite Anerkennung oder Herrschaft (Jes 52,12–15), c) die Zusage oder Erfahrung von Gottes Hilfe (Jes 50,9)[38], d) das Prädikat „gerecht" (Jes 53,11)[39], schließlich e) die „arme" bzw. demütige Haltung (Jes 53,4 „gedemütigt"; vgl. 53,7).

Mag nicht unbedingt ein direkter Zusammenhang bestehen, so zeigt sich doch eine ähnliche Tendenz: In dieser letzten messianischen Weissagung des Alten Testaments wie in den Gottesknechtsliedern (von Jes 42 zu Jes 53) wird die herrschaftlich-

---

34 Drückt das Suffix „dein König" die Zuwendung aus, oder meint es darüber hinaus den „dir angekündigten König"?

35 Anders als die Natanweissagung 2 Sam 7 blicken die messianischen Weissagungen statt auf eine Generationen*folge,* den Fortbestand der Dynastie, auf einen einzelnen bzw. einzigen neuen Herrscher (vgl. Jes 9,5f; Jer 23,5f) aus. Dabei können sie auf die Wurzel, den Ursprung oder Ursprungsort zurückgreifen, so sich statt auf einen Nachkommen Davids auf eine Gestalt wie David selbst richten, gleichsam einen neuen David erwarten (Jes 11,1; Mi 5,1; ausdrücklich Ez 34,23f; 37,24).

36 Trotz anderem Zusammenhang erinnert dieser Zug an Hos 2,2: Ebenfalls Nord und Süd, Juda und Israel „setzen sich *ein* Haupt". Dem „*einen*" Gott (Dtn 6,4; vgl. Mal 2,10; Hi 31,15; Sach 14,9) entspricht als sein Repräsentant oder Mandatar „der *eine* Hirt" (Ez 34,23; 37,24 wohl im Anschluss an Hos 2,2). Vgl. 1 Kor 8,6; 12,4–6; Eph 4,4–6.

37 Vgl. Jes 49,1.6; auch vom Boten 52,7: „der Frieden / Heil hören lässt".

38 Vgl. Jes 49,4; auch 45,21–25 u.a.

39 „Der Gerechte wird Recht schaffen"; vgl. Jes 50,8 von Gott: „Der mir Recht schafft".

königliche zu einer ohne Machtmittel auftretenden Person, hinter der aber Gottes Macht steht; dabei hat oder gewinnt die Gestalt, die so Niedrigkeit und Herrschaft verbindet, jeweils universale Bedeutung.

Diese Eigenart beider Textbereiche kommt – abgesehen vom Verständnis Gottes als des eigentlichen Retters – durch Umprägung traditioneller mit dem König verbundener Vorstellungen oder Aufgaben durch prophetische Überlieferung und Motive der Psalmen, zumal der Klage- und Danklieder, zustande. Dabei sind die prophetische Tradition und die Sprache der Klagepsalmen schon zuvor in Jeremias Verkündigung und Konfessionen zusammengewachsen; sie hat offenkundig auf die Botschaft Deuterojesajas einschließlich der Gottesknechtslieder eingewirkt. Auch die Wortverkündigung vor universalem Horizont ist durch die Jeremiatradition vorgegeben.[40] So wird in den messianischen Weissagungen wie in den Gottesknechtliedern[41] etwas von der Geschichte des Glaubens mit tiefem theologischem Nachdenken spürbar.

Möchte man diesem „König", der „herrschen" soll, noch eine politische Rolle zusprechen, dann ist sie tiefgreifend modifiziert: nicht militärisch oder kriegerisch, ohne eigene gewaltsame Machtdurchsetzung, im Zeichen der Niedrigkeit und des Friedens, mit der Tätigkeit durch das Wort, aber mit weltweiter Wirksamkeit. In späterer Zeit kann man selbst von Mose ähnlich urteilen: „Der Mann Mose war sehr demütig, mehr als irgendein Mensch auf Erden."[42]

---

40 Vgl. nach Jes 18; 20 usw. Jer 1,5; 2,10ff; 6,18f; 18,13 ; Jes 42,1.4 u.a.

41 Wie immer man sich den Jes 53 dargestellten Gottesknecht in einer konkreten Person vorstellen mag, es ist keine historische Situation denkbar, in der sich die Erhöhung (Jes 52,12–15; 53,12) des Erniedrigten oder Verachteten gegenwärtig ereignete. Hat Jes 53 insofern nicht auch aus sich heraus Zukunftscharakter?

42 Num 12,3. „Ich werde übriglassen ... ein armes (demütiges) und geringes Volk" heißt es in der Gottesrede Zeph 3,12 (vgl. 2,3)

V

Ermöglicht die Tendenz des alttestamentlichen Textes dem Neuen Testament nicht, die messianische Weissagung Sach 9,9(f) aufzunehmen? Oder nicht geschichtlich, sondern sachlich, nicht im Blick auf das Nach-, sondern das Miteinander gefragt: Lässt sich nicht eine gemeinsame Intention von Altem und Neuem Testament erkennen? Hier besteht nicht nur ein Gegensatz, klafft nicht nur ein Graben, sondern findet sich auch eine Brücke.

Unter den vielfältigen Schriftverweisen kann das Neue das Alte Testament auch bei diesem Thema aufnehmen.[43] Mag bei der Darstellung von Jesu Einzug in Jerusalem der Rückbezug im Markus-Evangelium (11,1ff) noch unbeabsichtigt sein oder in seiner symbolischen Bedeutung unausgesprochen mitklingen, so zitieren jedenfalls das Matthäus- (21,5) wie auch das Johannes-Evangelium (12,14f) ausdrücklich Sach 9,9. Dabei handelt es sich nicht um einen nachträglich oder rückblickend eschatologisch gedeuteten Text des Alten Testaments, sondern um eine von vornherein als Erwartung gestaltete Aussage. Das Neue Testament beruft sich auf einen Text, der die Reihe der sog. messianischen Weissagungen[44] beschließt.

Ob mit oder ohne Titel, Jesus hat einen hohen Anspruch erhoben. Gewiss weiß das Neue Testament „mehr" (vgl. Mt 12,41f) zu sagen, verschärft: Der „König" (Mk 15,26.32) ist nicht nur „arm", sondern stirbt am Kreuz – er erfährt jedoch, wie das Alte Testament erwartet, Gottes Hilfe: „gekreuzigt aus Schwachheit, aber er lebt aus Gottes Macht".

---

43 Vgl. Röm 1,2–4; auch Mt 2,5f u.a
44 Bekanntlich begegnet die Bezeichnung Messias „Gesalbter", die dem Geweihten, so Bevollmächtigten, unter Gottes Schutz Stehenden (1 Sam 9,16; 24,7 u.a.), dann dem ohne Salbungsritus Beauftragten (Jes 44,28; 45,1), auch mit dem Geist Jahwes Begabten (Jes 61,1; 1 Sam 16,13) gilt, in den sog. messianischen Weissagungen des Alten Testaments nicht. Der (Würde)Titel ist zumindest nicht direkt für den Zukunftsherrscher oder den erwarteten König bezeugt, findet sich immerhin vermutlich bildhaft und eventuell indirekt: Zwei „Ölsöhne" (Sach 4,11ff) sind doch wohl die Gesalbten.

Sehr bald hat sich auch die christliche *Kunst* des Motivs des friedfertigen Reiters auf dem Esel angenommen. Die Szene ist auf Grund und in der Fassung des Matthäus-Evangeliums (21,1ff) schon in der frühen christlichen Ikonographie – auf Sarkophagen und anderswo – öfter dargestellt worden: Ankunft des Herrschers oder Würdenträgers in nicht-majestätischer Form: Zusammen mit seinen Jüngern Christus, auf einem Esel einreitend – manchmal mit gesenktem Kopf, als ob jene Geste auch das Merkmal alttestamentlicher Erwartung, die „niedrig-demütige" Haltung, wieder- und weitergeben will.[45]

Das Neue Testament verweist zurück, bezieht sich – wenn auch in den einzelnen Schriften verschieden und unterschiedlich stark – eindeutig auf das Alte Testament (einschließlich der aus ihm erwachsenen, mit ihm verbundenen Überlieferungen) zurück, bekennt die „Identität" Gottes, bezeugt und versteht ihn neu, aber verkündet nicht einen neuen Gott. Die Erfahrungen von Karfreitag und Ostern legt das Neue Testament von den „Schriften" her aus.[46]

Schon um zu verhindern, dass das Bekenntnis zur „Identität" Gottes als ein dem Alten Testament nur von außen angelegtes Urteil erscheinen kann, ist seine eigene Aussage zu hören – sowohl in seiner historisch-kritisch noch erschließbaren Bedeutung als auch in seiner davon zu unterscheidenden Wirkungs- oder Rezeptionsgeschichte.[47] Lässt sich in der Diskontinuität Identität auffinden und aussprechen?[48] Diese Frage sucht in allen Unterschieden oder

---

45 Vgl. „Einzug in Jerusalem": LCI I (1968) 593–597; E. Dinkler, Der Einzug in Jerusalem: VAFLNW.G 167 (1970).
   Auf Grund eines Missverständnisses eines Grundsatzes hebräischer Dichtung, die durch Parallelsetzung (hier mit „und" im Sinne von „und zwar") erläutern kann, wurden Esel und Fohlen (genauer: Hengst; vgl. HAL 778) im Anschluss an Mt 21,2.5.7 oft als zwei Tiere verstanden und auch doppelt dargestellt.

46 1 Kor 15,3ff; vgl. Lk 24,27.44ff; Röm 3,21 u.a.

47 Der Unterschied zwischen der Aussageabsicht der Texte und der späteren Auslegung (etwa im Verständnis von Gen 2 – 3) ist nicht selten erheblich und darf methodisch wie sachlich nicht übersehen werden.

48 Wie kommt das Bekenntnis zur „Identität" Gottes in den Texten aufspürbar, insofern exegetisch nachvollziehbar, zum Ausdruck? Vgl. den Versuch: „Der tötet und lebendig macht". Elemente biblischer Theologie aus alttestamentlicher Sicht: EvTh 69 (2009) 432–443.

auch Gegensätzen die Aufdeckung sachlicher Nähe, insofern eines Zusammenhangs, einer Verbundenheit in theologischen Einsichten oder von Entsprechungen.

Von welcher „Seite", vom Alten oder Neuen Testament, her man einer Biblischen Theologie auch nachzuspüren und sie darzustellen sucht, in jedem Fall ist ein Zwiegespräch „von beiden Seiten her" vonnöten, eine gemeinsame Verständnisbemühung vom Alten auf das Neue Testament zu und vom Neuen auf das Alte Testament hin. Biblische Theologie, die dem vielfältigen Zeugnis von dem einen Gott in der Schrift bzw. den „Schriften" nachdenkt, wird sich, um an G.v.Rads Intention zu erinnern, in die „Doppelbewegung eines wechselseitigen Verständnisses der Testamente hineinziehen lassen müssen".[49]

Die Sach 9,9f ausgesprochene Verheißung und Hoffnung ist noch nicht Wirklichkeit[50], blickt insofern – zumindest teilweise – auch auf eine noch unerfüllte, uneingelöste, noch ausstehende Zukunft. Es bleibt etwas zu hoffen, ein unabgedeckter Überhang. Etwa der als Angebot an alle Völker gerichtete, weltweite Friede[51] ist noch nicht erfahrbar: „Friede auf Erden" (Lk 2,11.14). Gottes Friede mit Auswirkungen auf die Erde als Folge, ist nicht nur eine vom Glauben bezeugte, im Glauben gegebene, in der Gegenwart hier und da zeichenhaft vollzogene, sondern auch eine gemeinsam mit dem Alten Testament erhoffte Wirklichkeit. Mit ihrem Überschuss, dem visionären Element, kann die Hoffnung, verbunden mit der nötigen Reflexion über den Lebenszusammenhang, eine Orientierung oder Richtungsangabe, sowohl bleibender Anstoß als auch Motivation, für Handlungsschritte sein.[52]

In mancherlei Hinsicht verweist die Spannung von Glaube und Erfahrung zugleich auf die auch dem Alten Testament vertraute Differenz von Glauben und Schauen[53], von „Schon-Jetzt" und

---

49 Theologie des Alten Testaments II (München ⁴1965) 398.
50 „Auch die christliche Deutung dieser Weissagung harrt immer noch der Erfüllung." (W.Rudolph [o.Anm. 17] 182)
51 Schalom verbindet Innen und Außen, Bildhaft-Symbolisches und Wirklichkeit.
52 Die gängigen Friedenssymbole, wie Regenbogen, Taube oder Ölzweig, sind alttestamentliches Erbe.
53 Vgl. Jes 40,5; 52,7ff u.a. mit 1 Kor 13,12; 2 Kor 5,7.

„Noch-Nicht". Entsprechend hat das Neue Testament die vom Alten Testament erwartete, hier und da (Ps 100; vgl. 47,10 u.a.) vielleicht schon erfahrene Einbeziehung der Völker mit der Verkündigung von „Frieden den Fernen und Frieden den Nahen"[54], nämlich mit der Ausweitung des Gottesvolkes, ein erhebliches Stück weit verwirklicht, so eine Grenze abgebaut. Ist damit aber die zustimmende Anerkennung des einen Gottes durch die Völker[55] „erfüllt"?

Ist das im Neuen Testament bezeugte Geschehen nicht zugleich Erfüllung, Überbietung und Bestätigung, Vergewisserung, „Ja und Amen" (2 Kor 1,20)? Blickt christlicher Glaube also nicht nur mit dem Alten Testament auf eine Geschichte der Verheißungen und des Segens, des Glaubens und der Glaubenserfahrungen zurück, sondern auch mit ihm als Hoffnung auf Gottes Herrschaft[56] in die Zukunft?

---

54 Eph 2,17 nach Jes 57,19. Vgl. etwa das exemplarisch-stellvertretend ausgesprochene Bekenntnis des Centurio Mk 15,39.
55 Zeph 2,11; auch 1 Kön 8,43.60; Jes 25,6f; 45,23; 66,23; Ps 22,28f u.a. Jes 11,10 (vgl. Röm 15,12) verbindet Wallfahrt der Völker und „messianische" Erwartung.
56 Vgl. Sach 14,9 mit 1 Kor 15,28; Jes 25,8 mit 1 Kor 15,26;auch Ps 22,28ff; 73,23ff u.a. Das zum Abschluss des Vaterunsers meist gesprochene Bekenntnis „denn dein ist das Reich …" entstammt alttestamentlichem Gottesdienst (1 Chr 29,11f; vgl. Off 4,11) und stellt ursprünglich die Antwort der Gemeinde dar.

Gottesdienst und Predigt
Sacharja 9, 9.10

Hans-Helmar Auel

Predigt

I

„Du, Tochter Zion, freue dich sehr!" In den Dunkelheiten unseres Lebens glimmen Hoffnungsschimmer auf, längst aufgegebene Erwartungen beginnen sich wieder zu regen. Unbekannte Töne formen sich zu einer kraftvollen Melodie und ein längst verstummter Mund beginnt unsicher und zögernd mitein zu stimmen: Tochter Zion, freue dich, als glaube er selbst die Worte noch nicht, die ungeübt über seine Lippen kommen. Eher waren da doch die anderen Worte vertraut: Denn die einen sind im Dunkeln, und die anderen sind im Licht. Und man siehet die im Lichte, die im Dunklen sieht man nicht (B. Brecht). Vor Gott sind wir allem im Dunklen. Ins Licht aber kommen wir allein durch Gott.

So ziehen lange Melodienbogen die Worte dahin, als sollten sie nicht aufhören. Es klingt, als könnten wir uns schon heute auf das Morgen einstimmen und könnten mit einstimmen in Prophetenwort und Psalmengebet. Gott ist auf dem Wege zu uns. Das ist der Grund der Freude. Den wir weit weg wähnten und oft genug froh waren, dass er uns nicht zu nahe kam, der kommt uns nahe, um uns zu retten. Das ist die Quelle des Jubels.

Ach, könnten wir doch ungetrübt in Einklang leben mit dieser Hoffnung. Doch oft genug verhalten wir uns Gott gegenüber wie die Möwen gegenüber einem Fischkutter. Sie folgen ihm, kommen ihm aber nicht zu nahe. Denn „wer kann schon lustig sein, wenn's einem an den Kragen geht" (Bremer Stadtmusikanten)? Wenn Einsamkeit die Tage bestimmt und Krankheit zum Tode führt mitten im Leben, da bleiben die Worte im Halse stecken und wir verstummen. Selbst die kraftvollen Lieder der Freude gemahnen uns eher an längst vergangene Zeiten, als wir den Zeichen der Hoffnung noch trauten. Aber Gott hat verheißen, das geknickte Rohr

nicht zu zerbrechen und den glimmenden Docht nicht auszu-
löschen (Jes 42,3; Mt 12,20). Dazu wird sein Knecht kommen,
und der kommt als König, der in Gottes Namen handelt. Er
kommt und ist schon auf dem Weg. Warten müssen wir, erwartungsvoll warten. Das aber fällt uns so schwer. Macht nicht Hoffen
und Harren manchen zum Narren? Bekommen nicht die, die auf
den Herrn harren, neue Kraft (Jes 40,31)?

II

Wieder einmal erhebt sich eine Stimme wie aus dem Nichts und
verheißt den Harrenden Gottes Kommen. Wieder einmal. Wieder
einmal nimmt ein Mensch eine Spur auf, längst verwischt, doch
immer noch entzifferbar. Einst wird kommen der Tag, da wird
Gott seinen Messias schicken. Der wird nicht in eigener Vollmacht
auftreten. Er wird ausführen, wozu Gott ihn beauftragt hat. Wir
sind Gott sei Dank vorsichtig geworden im „Heil-Rufen", haben
sich doch oft genug die selbsternannten Führer als Verführer er-
wiesen. Und ein Blick auf das Leben zeigt, dass unsere Wirklichkeit der Verheißung nicht entspricht. Doch immer wieder erhoben
gegen den Augenschein Propheten ihre Stimme und fassten
Menschen ihre Gebete in Psalmen. Sie hielten die Erinnerung an
Gottes Verheißung wach. Einst wird kommen der Tag. Die Wirklichkeit, die wir vorfinden, vergeht. Gottes Verheißung, die wir erhoffen, bleibt und wird sich erfüllen. Die Tage vergehen. Gott aber
kommt. Einst wird kommen der Tag, da werden wir uns erinnern,
dass Gott unser gedenkt.

Sacharja nennen wir die unbekannte Stimme. Gott gedenkt. In
seinem Namen trägt er alle Verheißung und Hoffnung unter die
zagenden und harrenden Menschen. Einst wird kommen der Tag,
da werden wir ungetrübten Auges auf den Zukunftsherrscher
schauen, den Gott verheißen hat. König wird er geheißen. Aber
was ist das für ein König! Er „schlägt nicht mir eisernem Stab"
(Ps 2,9) drein. Staat ist mit ihm nicht zu machen. Ein Gerechter
aber ist er, denn Gott hat ihn als gerecht angesehen. Hilfebedürftig
ist er, auf Gottes Hilfe angewiesen. Seine Hilfe hat er erfahren.
Deshalb auch kann er helfen. Arm ist er. Deshalb ist er den Armen
so nahe.

So ein König kommt. Er ist der Grund der Freude. Erwarten wir so einen, der wie einer von uns ist? Zur Elite, die alles mitnimmt, was sie kriegen kann, zählt er nicht. Was wird dann bei uns zählen? Seine Staatskarosse ist ein Esel, kein edles Reitpferd. Auch der Streitwagen fehlt. Sein Kommen geschieht ohne militärische Ehren und ohne roten Teppich. Kein Staatsbesuch, aber in ihm wohnt Gott unter uns Menschen. Wie soll ich dich nur empfangen, armer König, und wie begegne ich dir?

III

Gottes armer König kommt in unser Leben. Buchstäblich armselig ist er. Und Gott wird selbst handeln. Nicht die Feinde, aber alles Kriegsgerät wird er abschaffen. Bei seinen Leuten wird er damit anfangen. Schon heute bekennen wir, was Gott morgen tun wird. Die Ewigkeit ist der Raum göttlichen Handelns. Wir jedoch erleben Gottes Willen im Nacheinander vergehender Zeit. Deshalb setzen wir unser Vertrauen schon heute darauf, was Morgen sein wird. Einst wird kommen der Tag, da wird Gott jeden Kriegszustand beenden. Alles Kriegswerkzeug wird er ausrotten und wir Menschen werden das Kriegshandwerk nicht mehr erlernen. Bei seinen Leuten wird Gott damit anfangen. Bei uns. Dann vernehmen wir Unerhörtes. Der arme friedvolle König wird zum Friedenskönig. Dieser Messias wird zum Weltenherrscher im Auftrage Gottes. Seine Friedensherrschaft wird zur Friedensbotschaft. Abnehmen wird seine Herrschaftsgewalt, sein Herrschaftsbereich aber wird zunehmen. So ist es Gottes Wille. Einst wird kommen der Tag. Der Herr gedenkt unser. Sein Prophet vernimmt es. Weissagung steht im Raum, anstößig für viele, anstoßend für Suchende und Wartende.

IV

Vergehende Menschenzeit. Fragende Unklarheit. Wird der Verheißene noch kommen? Hoffende Zuversicht. Einst wird kommen der Tag. Auf einem Esel zieht er in Jerusalem ein. Er ist auf Erden kommen arm, dass er unser sich erbarm'. Am Schandmal des

Kreuzes aber stirbt er, ist verflucht (Dtn 21,23) von den Menschen, doch Gott erhöht ihn. Vierhundert Jahre nach der letzten messianischen Weissagung des Alten Testaments durch den Propheten Sacharja greift der Evangelist Matthäus (Mt 21,1ff) dessen Worte auf und zitiert sie ebenso wie der Evangelist Johannes (12,14.15). Bedrohlich wird, dass „alle Welt ihm nachläuft" (Joh 12,19). Bald aber werden sie alle weglaufen und sich wieder verlaufen, ist doch die Gunst der Menschen von geringer Halbwertszeit. Dennoch halten Wartende inne und sehen in ihm das Licht Gottes, das in die Dunkelheit unseres Lebens strahlt. Was Sacharja verheißen hat, beginnt Menschen mit Hoffnung zu erfüllen, aber es ist noch nicht Wirklichkeit. Es bleibt noch etwas zu hoffen – für uns und alle Völker. Den Frieden auf Erden wird Gott bringen. Ob wir wohl die Finger aus Gottes Werk lassen können?

V

„Advent ist im Dezember!" Ein griffiges Schlagwort, ein Fingerzeig auf fast Vergessenes, sind doch bei uns die Adventstage schon längst zur Vorweihnachtszeit mutiert, leider auch in unserer Kirche. Wir füllen die Wartezeit mit Aktionen und laufen dem Zeitgeist hinterher. So aber sehen wir von den Menschen nur noch den Hintern. Ihr Angesicht sehen wir dabei nicht, weil wir nicht mehr im Wege stehen, höchstens noch am Rande.

Bußzeit sind die Adventstage schon lange nicht mehr. Wir halten kaum noch inne und warten nicht mehr. Wir brechen lieber auf und wollen uns dauernd neu erfinden, als wären wir nicht die, die von Gott längst gefunden wurden. „Stille Nacht" erklingt schon vor dem ersten Sonntag im Advent, Krippenspiele erfreuen spätestens am 4. Sonntag im Advent manche Gemeinde und Kirchengemeinden laden zu Weihnachtsfeiern im Advent ein. Ist der Christtag dann vorüber, fallen Gottesdienste in der Weihnachtszeit einfach aus, ist doch alles schon vorweg genommen. Wir finden ja genug Begründungen. Auf die Erwartungen der Menschen müsse die Kirche eingehen. Was aber erwarten wir noch? Offene Kirche müssen wir sein. Sind wir bei alledem noch für Gott offen? Kirche im Aufbruch. Zu neuen Ufern. Worauf noch warten? Auf den Messias, der nicht ankommt, wenn er ankommt.

Advent ist im Dezember, beginnt am ersten Sonntag im Advent. Manchmal müssen wir inne halten und uns erinnern, worauf es ankommt, wenn er ankommt. Wir brauchen nicht aufzubrechen, weil Gott zu uns aufgebrochen ist. Wir brauchen uns nicht auf den Weg zu machen, weil Gott sich zu uns auf den Weg gemacht hat: „Frohlocke und freue dich, Tochter Zion, denn siehe ich komme und wohne in deiner Mitte" (Sach 2,10). Das ist es. Der Blick auf den Kommenden nimmt uns schon jetzt Sorge und Angst und gibt uns schon jetzt Mut und Hoffnung. Und ganz am Ende aller Tage wird der Gekommene wiederkommen zum Weltgericht. So lässt Paul Gerhart in seinem Adventslied (EG 11) sich den Gotteskreis der Hoffnung schließen. Ist es nicht tröstlich zu wissen, dass der Weltenrichter, der einst kommen wird, kein anderer ist als der armselige Messias, der in diese Welt kam, um sich unser zu erbarmen?

Gottesdienst

Sonntag im Advent – W

PSALM 2

Bittruf

Denn gleichwie Gewächs aus der Erde wächst und Same im Garten aufgeht, so lässt der Herr Gerechtigkeit aufgehen und Ruhm vor allen Heidenvölkern (Jes 61,11), denn er erbarmt sich unser.

Kollektengebet

Nichts, nichts hat dich getrieben zu mir vom Himmelszelt
als das geliebte Lieben, damit du alle Welt
in ihren tausend Plagen und großen Jammerlast,
die kein Mund kann aussagen, so fest umfangen hast. Amen

LESUNGEN
Jes 42,10–17
1Kor 12,4–6
Joh 12,12–19

Allmächtiger Gott, still werden wir und richten unsere ganze Hoffnung auf dich. Du hast uns zugesagt, zu uns in dieses Leben zu kommen, damit wir nicht alleine über die steinigen Wege unserer Tage gehen müssen. Oft genug fühlen wir uns verlassen, mögen deinen Verheißungen nicht mehr trauen und beklagen die Last unserer Tage. Wir geben uns auf, weil wir uns von dir aufgegeben fühlen. Es ist gut, sich von all diesen bedrückenden Gedanken eine Auszeit zu nehmen und wieder auf deine leise Stimme zu hören, sie herauszuhören unter den vielen Stimmen, die in uns reden. Auf dein Licht wollen wir warten, das in der Dunkelheit scheinen soll. Auf deine Nähe wollen wir warten, die uns umgeben soll, wenn die Nächte noch dunkel sind. Auf deinen Sohn Jesus wollen wir schauen, der uns zum Christus wurde und dereinst wiederkommen wird. Von dieser Hoffnung leben wir schon heute, auch wenn wir es manchmal zu vergessen scheinen. Amen.

LIEDER

Tochter Zion, freue dich (EG 13)
Wie soll ich dich empfangen (EG 11)
Nun jauchzet, all ihr Frommen (EG 9)
Mit Ernst, o Menschenkinder (EG 10)

Exegese zu Johannes 3,31–36

Ruben Zimmermann

Strukturierte Übersetzung: Johannes 3:31–36

31 Der von oben her kommt, ist über allen.
Wer von der Erde ist, der ist von der Erde und redet
von der Erde.
Der vom Himmel kommt, der ist über allen
32 und bezeugt, was er gesehen und gehört hat; und
sein Zeugnis nimmt niemand an.
33 Wer es aber annimmt, der besiegelt,
dass Gott wahrhaftig ist.

34 Denn der, den Gott gesandt hat, redet Gottes
Worte; denn Gott gibt den Geist ohne Maß.
35 Der Vater hat den Sohn lieb und hat ihm alles in
seine Hand gegeben.

36 Wer an den Sohn glaubt, der hat das ewige Leben.
Wer aber dem Sohn nicht gehorsam ist, der wird
das Leben nicht sehen, sondern der Zorn Gottes
bleibt über ihm.

Hinführung

Vom Kommen Christi in die Welt wird gewöhnlich erzählt. Am
Heiligen Abend muss die lukanische Hirtengeschichte zu Gehör
gebracht werden. Der für den ersten Weihnachtsfeiertag in der
5. Perikopenreihe vorgesehene Predigttext setzt diesem narrativen
Schwergewicht nun bewusst einen eher reflektierten theologischen
Kontrapunkt entgegen. Dies macht es dem Hörer/der Hörerin
nicht leicht. Der Text wirkt in der Erstbegegnung formelhaft, be-
griffslastig und zusammenhanglos.

Doch wir dürfen nicht übersehen, dass auch dieser Text aus einem Evangelium, aus der erzählten Jesusgeschichte stammt. Diese Einbettung sollte bei der Auslegung fruchtbar gemacht werden. Allerdings verschärft sich dabei zugleich das Problem. Der vierte Evangelist formuliert in der ihm eigenen, schnell vertrauten und doch zugleich befremdlichen Sprache. Sie ist bilderreich anschaulich, aber zugleich abstrakt symbolisch; sie ist klar und einfach, aber zugleich auch wieder formelhaft und begriffsgesättigt. Johannes kommt bekanntlich mit einem sehr kleinen Wortschatz aus, doch dieser wird in zahllosen Variationen und Repetitionen dargeboten. Auch in Joh 3,31–36 werden solche johanneischen Eigenarten sichtbar: Da ist vom Kommen des Sohnes die Rede, von der Sendung, von Himmel und Erde, von der Liebe und vom ewigen Leben. Aber der Text erscheint auch seltsam rätselhaft und sperrig, gerade so als wären Einzelsätze ohne erkennbaren Zusammenhang aneinandergereiht.

Versuchen wir uns heranzutasten, indem die Perikope eingeordnet wird in die Sprachwelt des vierten Evangelisten.

Der Kontext

In der früheren Exegese wurde diskutiert, ob der Abschnitt wirklich die Rede des Täufers fortführt, oder nicht eher in den Mund Jesu passe. Bultmann hatte im Rahmen seiner Dislokationsthesen sogar vorgeschlagen den Abschnitt direkt an Joh 3,1–21 anzuschließen.

Seit den Stiluntersuchungen von Ruckstuhl/Dschullnigg bzw. der narratologischen Studie von Culpepper (1983) geht die Johannesforschung doch – von wenigen Ausnahmen abgesehen – von einem einheitlichen Endtext des Evangeliums aus, den es zu verstehen gelte, bevor man mit der literar- oder redaktionskritischen Schere Teile herausschneide. Ferner wurden speziell zu unserem Text Studien vorgelegt, die zeigen, dass die als Spannung empfundene Stellung oder Dopplung dem literarisch-theologischen Kompositionswillen des Evangelisten entspringen könnte. So anerkennt etwa Ludger Schenke in seiner dramaturgischen Analyse des Johannesevangeliums, dass der Text seine nächste Parallele in den Worten Jesu (Joh 3,3–21) habe. Dies muss aber nicht als Problem markiert werden, sondern mache „deutlich, daß der Täufer über Jesus nichts anderes sagt als Jesus selbst. Sein Wort ist wahres Zeugnis und hat einen göttlichen Ursprung. Darum gehörte es auch in den Prolog (vgl. 1,15)."[1]

Für Thomas Popp zeigt sich eine sorgsame Komposition des gesamten Kapitels Joh 3, die das Kapitel zu einer „literarischen und theologischen Einheit" werden lässt.[2] Popp zeigt in akribischen Feinanalysen die Zusammengehörigkeit des Abschnitts auf unterschiedlichen Ebenen: So ist der durchweg lehrhafte Charakter die bestimmende *Form*, wobei er 3,1–21 als Schulgespräch (vgl. *didaskalos* in 3,2.10) klassifiziert, 3,25–36 wird als Lehr- und Streitgespräch (vgl. *zetesis* in 3,25) der innergemeindlichen Unterweisung betrachtet, Joh 3,31–36 bilden dabei die Klimax des Abschnitts und können als „Kompendium der joh. Theologie bzw. kerygmatische Zusammenfassung"[3] bezeichnet werden. Ferner werden *Leitmotive* zu verbindenden roten Fäden des Abschnitts, wie „Glauben" (*pisteuo* 2,23f; 3,12–18; 3,36) oder „Leben" (*zoe* 3,15f; 36); oder werden inclusionsartig am Anfang und Schluss des Abschnitts genannt, wie „sehen" (*orao/eidon/opsomai* 3,3; 3,36) und „Geist" (*pneuma* 3,5–8; 3,34). Jeweils zu Beginn der parallel verlaufenden Gedankengänge in 3,1–21 und 3,22–36 wird auf die Taufe verwiesen (3,5.23). Darüber hinaus gibt es markante Stichworte, die 3,31–36 eng an den vorgenannten Abschnitt anbinden: „von oben" (*anothen* 3,3.31); Zeugnis nicht annehmen (*martyria ou lambanein* 3,11.32f).

Ferner werden *Repetitionen und Variationen* eingesetzt, die zum Teil wörtliche Wiederholungen bringen (so z.B. in 3,31a.c: der Kommende ist über allem; *ho (...) erchomenos ek panton estin*), aber so umso deutlicher dosierte Abweichungen aufzeigen können. So wird in dem genannten Versteil die Herkunft des Kommenden variiert: „von oben" (*anothen*) durch „aus dem Himmel" (*ek tou ouranou*) ersetzt. Schließlich erkennt Popp in dem Abschnitt ein

---

1 *Ludger Schenke,* Johannes: Kommentar, Düsseldorf 1998, 80.
2 Vgl. *Thomas Popp,* Grammatik des Geistes. Literarische Kunst und theologische Konzeption in Johannes 3 und 6, ABG 3, Leipzig 2001, hier besonders 233–255, wobei Popp auch noch 2,23–35 hinzunimmt. „Johannes hat 2,23–3,36 gekonnt als literarische und theologische Einheit gestaltet." (233).
3 *Popp,* Grammatik, 235.

wiederkehrendes *Aktion-Reaktions-Schema*, das einem Handeln Jesu eine Reaktion der Menschen zuordnet, so ist vom Zeugnis Jesu und seiner Nicht-Annahme (3,11), von einem „himmlischen Geben" und „menschlichen Nehmen" (3,27), von der Stimme des Bräutigams und dem Hören (3,29) die Rede. Es fällt auf, dass die Reaktionen der Menschen gespalten sind. So wird zwar häufig vom Glauben, Sehen und Empfang des Lebens gesprochen (3,3.5.15f.26.36), zugleich wird aber auch die Ablehnung der Botschaft deutlich benannt: die Menschen kommen nicht zum Licht (3,20), nehmen das Zeugnis nicht an (3,11.32) und bleiben Nicht-Sehende (3,36).

Betrachten wir den engeren Kontext der Täuferrede, Joh 3,27–36. Auch hier zeigt sich eine enge begriffliche Verbundenheit zwischen dem ersten Teil 3,27–30 und dem zweiten 3,31–36, indem Formulierungen wie „vom Himmel" (3,27.31), reden (3,28.34) und Zeugnis geben (3,28.32) sowie Sendung (3,28.34) unmittelbar aufgenommen werden.

Die Täuferrede endet im ersten Teil ferner mit der schönen Metapher vom Bräutigam und ruft damit den Vorstellungshorizont der Hochzeit ins Gedächtnis, ein Bild, das bereits in Joh 2,1–11 eingeführt wurde (Jesu erstes Zeichen vollzieht sich auf einer Hochzeit, er offenbart seine Herrlichkeit auf einem Fest – als Fest könnte man sogar sagen). Bleiben die Angebote, Jesus als den Bräutigam Israels zu erkennen bei der Weinwundererzählung noch subtil (Jesus erfüllt die Rolle des versagenden Bräutigams; die Hochzeit findet am 3. Tag statt – für jüdische Gebräuche unüblich, so dass man eher an die Sinai-Offenbarung am 3. Tag denken mag, die in jüdischer Tradition „Verlobung" genannt wird, vgl. Ex 19,10), so wird in Joh 3,29f eindeutig formuliert: „Wer die Braut hat, ist der Bräutigam." Nicht der Täufer also, sondern Jesus ist der Messias-Bräutigam. Das ist Anlass zur Freude.

Diese Redeeinleitung muss auch für Joh 3,31–36 im Blick behalten werden, besonders auch hinsichtlich des als Störung empfundenen Hinweises auf den „Zorn Gottes" (V. 36). Dass das Hochzeitsbild im frühen Christentum gerade auch im scharfen (prophetisch-apokalyptischen) Kontrast verwendet wird, bestätigt Matthäus. Die Einladung zum Hochzeitsmahl des Sohnes endet mit einem kriegerischen Zornausbruch des Königs; das Fehlen des Hochzeitsgewands eines Gastes führt zum grausamen Festausschluss (Mt 22,1–14); ferner wird den die Ankunft des Bräutigams verschlafenden Jungfrauen die Tür vor der Nase zugeschlagen (Mt 25,1–13). Diese scharfen und für uns befremdlichen Töne scheinen das schöne Bild der Hochzeit zu stören, wenn nicht zu unterwandern. Doch sie zeigen lediglich die zutiefst emotionale Seite dieser Vorstellung. So sehr das Hochzeitsbild Gefühle von Glück und Freude hervorruft, so schnell kann es sich ins Gegenteil verkehren, wenn es seine Botschaft verfehlt. Freude und Zorn, Glück und Gewalt sind also nur zwei Seiten einer kontrastierend ausgemalten und mit Gefühlen verbundenen ganzheitlichen Verkündigung. Dabei soll jedoch nicht gedroht werden, vielmehr dient der negative Kontrast der Werbung, die Chance der Freude umso klarer leuchten zu sehen. Wer könnte so dumm sein, sich für Zorn und Tod und nicht für Freude und ewiges Leben zu entscheiden?

Struktur und sprachliche Prägnanz des Predigttextes

Wenn wir den Predigttext selbst näher in den Blick nehmen so zeigen sich drei Teile:

V 31–33 sprechen von der Herkunft Christi, V 34–35 können als „trinitarische Näherbestimmungen" betrachtet werden, während es in dem mehrgliedrigen V 36 um die Annahme der Botschaft durch die Menschen geht, die zu Leben oder Zorn führt.

Doch die Teile sind nicht streng zu trennen, sondern zeigen Übergänge und Vernetzungen. So wird die Vorstellung vom „Reden" aus V 31 wieder in V 34 aufgenommen (V 31: redet von der Erde; V 34: redet Gottes Worte); auch in V 32f ist von der Annahme oder Nicht-Annahme des Zeugnisses die Rede – ganz analog zum kontrastiv dargestellten Glauben bzw. Ungehorsam in V 36.

Der Text lebt ohnehin aus Kontrasten: Er spricht von „oben – unten (implizit)"; „Himmel – Erde", „Nicht-Annahme – Annahme", „Glaube – Ungehorsam", „Ewiges Leben – Zorn Gottes." Kontraste, die klar und eindeutig sind, aber auch schroff. Kontraste, die in ihrer Schwarz-Weiß-Malerei zu Widerspruch anregen, die im Blick auf den „Zorn Gottes" sogar beängstigend und irritierend wirken.

Doch eines wird somit unmissverständlich herausgestellt: Es geht hier um eine Entscheidung, die kein Dazwischen, kein „ja – aber" zulässt. Es geht vielmehr um „alles – oder nichts" und zwar im Blick auf die Christusfrage.

Der Text spricht von Christus in unterschiedlichen Dimensionen: Es geht um die Zuordnung zu einer Raumsphäre (oben – Himmel – Gott), die zugleich auch als Herkunft bzw. mit der Wegmetapher (kommen) zeitlich gedeutet werden kann. Es geht um die Legitimität Jesu, die sich besonders in der Beziehung zum Vater manifestiert. Christus ist der vom Vater Gesandte, der die Worte Gottes redet. Die enge Zuordnung zu Gott zeigt sich in dem für Johannes charakteristischen Liebesbegriff; ferner ist die Legitimität Jesu direkt aus dieser Beziehung zu erklären. Der Vater hat „alles" in die Hand des Sohnes gegeben. Die Macht „über allem zu sein" ist abgeleitete Macht, die von Gott selbst kommt.

Schließlich geht es um die Reaktion der Menschen (s. Kontext): Akzeptieren sie diese Herkunft und Beauftragung Jesu? Anerkennen sie die Zugehörigkeit Jesu zu Gott? In V 32 wird eine sehr skeptische Einschätzung gegeben: Niemand nimmt das Zeugnis an; allerdings relativiert der nachfolgende Vers diese Radikalität, indem nun doch von einer zumindest möglichen Öffnung die Rede ist. Auch der Schlussvers schreibt in dieser Weise kontrastiv die Reaktionen der Menschen fort, bringt aber zusätzlich das Signalwort Glauben ins Spiel. Die Anerkennung der Herkunft und Zuordnung zu Gott ist für Johannes „Glauben" und führt zum ewigen Leben, wie umgekehrt die Ablehnung den Zorn Gottes nach sich zieht.

Christologische Dimension: Metaphorische Christologie

Betrachten wir den Text unter christologischer Perspektive, so verwundert nicht, dass er zum Predigttext am Christfest gewählt wurde: Er vereint unterschiedliche Christusaussagen in dicht gedrängter Weise:

Zunächst sind unterschiedliche Aussagen erkennbar genannt, die in begrifflicher Verdichtung Christus einen Namen beilegen: Vertraut – und deshalb kaum auffällig – ist zunächst, dass Christus „Sohn" genannt wird. Sohn ist die für Johannes häufigste christologische Bezeichnung.

Dann ist in einem für Johannes typischen Relativsatz vom „Gesandten" die Rede (der, den Gott gesandt hat). Aber auch die einleitend gebrauchte Formulierung „der Kommende" ist eine für Johannes charakteristische Wendung der Christologie.

Die genannten Aussagen können in einem weiteren Sinn als „Hoheitstitel" bezeichnet werden. Allerdings sind sie nicht in die Reihe der ‚klassischen Titel' wie Menschensohn, Kyrios oder Messias einzuordnen. So vertraut der „Sohn"-Titel auf den ersten Blick erscheinen mag, ist doch signifikant, dass hier nicht vom „Sohn Gottes" oder vom „Menschensohn" die Rede ist, sondern einfach nur von „dem Sohn", der von seinem Vater geliebt wird, der aufgrund seiner Herkunft Gottesworte „gehört" hat und sie weitersagen kann. Es geht hier um eine vertraute Beziehung innerhalb der Familiengemeinschaft. Der absolute Gebrauch des Sohn-Titels verbunden mit Beziehungsaussagen ist charakteristisch für Johannes und macht deutlich, dass der vierte Evangelist den stereotypen Gebrauch der Sohn Titel aufbrechen und offenbar für ihren ursprünglichen Bedeutungsgehalt wieder transparent machen möchte. Auch wenn „Sohn Gottes" oder „Menschensohn" zu spezifischen Konzepten geworden sind, so kann doch die eigentliche Herkunft des Sohn-Begriffs aus dem Erfahrungshintergrund der Familie nicht geleugnet werden. Die vertraute Vorstellung einer Vater-Sohn-Beziehung wird herangezogen, um eine Aussage über die schwer zugängliche Zuordnung zwischen Jesus und Gott zu machen. So wird Unbekanntes aussagbar, indem ein bekannter Sachverhalt auf das Unbekannte übertragen wird. „Übertragen" heißt im Griechischen „metapherein", so dass eine solche Verknüpfung zweier Bedeutungsbereiche (Familie – Religion) folgerichtig „Metapher" genannt werden kann.[4]

4 Vgl. dazu ausführlicher *Ruben Zimmermann,* Christologie der Bilder im Johannesevangelium. Die Christopoetik des vierten Evangeliums unter besonderer Berücksichtigung von Joh 10, WUNT 171, Tübingen 2004; vgl. praktisch-theologische Applikationen dieses Ansatzes in: *Mirjam Zimmermann/Ders.,* Bibel verstehen am Beispiel des Johannesevangeliums. Unter-

Was aber im Blick auf den „Sohn" zutrifft, gilt auch für die anderen Christusaussagen. Auch die „Sendung", das „Reden der Worte" oder das „Kommen" sind letztlich Aussagen, die aus dem Lebensalltag der Menschen gewonnen werden, um den komplexen Bereich der Religion verständlicher zu machen. Um den Sinngehalt der Übertragung möglichst genau erfassen zu können, ist es hilfreich und auch notwendig, möglichst viel über den so genannten „bildspendenden Bereich" in Erfahrung zu bringen. Einige Übertragungsfelder sind anthropologischen Grunderfahrungen entlehnt (reden, kommen) und können auch heute noch unmittelbar mit Sinn gefüllt werden. Andere erfordern eine genauere Analyse des ‚bildspendenden Bereichs' im 1. Jh. n. Chr. So speist sich die Sendungsaussage aus der Vorstellung des antiken Botenwesens, in der z.B. ein Gesandter eines hohen Beamten oder Königs mit allen Rechten des Sendenden ausgestattet ist, um einen diplomatischen Auftrag zu erfüllen.

Warum eigentlich „von oben"?
Raummetaphern als Christologie

Versuchen wir vor diesem Hintergrund noch einmal die Aussage „der von oben Kommende" in den Blick zu nehmen. Dass Gott der oberen Sphäre oder dann auch konkret dem „Himmel" zugeordnet wird, gilt als bekannter Aussagenkreis jüdisch-christlicher Tradition.

Aber was sagt das eigentlich? Spätestens seit der modernen Raumfahrt und der naturwissenschaftlichen Vorstellungen über das Weltall besteht erneut Klärungsbedarf, was die religiöse Aussage von „Himmel" eigentlich zum Ausdruck bringen will.

Handelt es sich um eine naive, kindliche Vorstellung, die Gott in den Himmel verlegt und die man mit reflektierter Theologie hinterfragen oder gar hinter sich lassen muss?

richtsmaterialien für Sek. II, Reihe: Religion betrifft uns, Heft 2/2003, Bergmoser & Höller-Verlag, Aachen 2003; *Ders.,* Wirksame Bilder im Johannesevangelium. Ein Lernfeld für eine praktisch-theologische Bibelhermeneutik, Praktische Theologie 42, 2007, 107–110.

Meines Erachtens vollzieht sich mit der Aussage, dass Jesus „von oben" kommt, ebenfalls eine metaphorische Aussage, die nach wie vor Sinn stiftet.

Dies muss in einem etwas weiteren Zusammenhang erklärt werden: Der Verfasser des Joh macht sich die Metaphernpflichtigkeit der Alltagssprache zu Nutze, um theologische Aussagen zu formulieren. Nach Lakoff/Johnson[5] funktioniert menschliches Denken und Verstehen gerade dadurch, dass einfache, alltägliche bzw. körperliche Grunderfahrungen herangezogen werden, um komplexe Gegenstandsbereiche zu versprachlichen. Entsprechend lassen sich bestimmte bildliche Sprachformen im Joh präziser erfassen, wenn man in ihnen solche „Alltagsmetaphern" erkennt, die menschliche Grunderfahrungen nutzen, um christologische Aussagen zu gewinnen. Im Anschluss an M. Johnson können wir hierbei von „Bildschemata"(„image schemata" bzw. „imbodied schemata") sprechen, wie z. B. das Weg-Schema (Verben der Bewegung: kommen – gehen), das Behälter-Schema (Präposition εκ, z.B. „aus dem Vater") oder das hier kurz zu skizzierende „Skalen-Schema". Mit dem Vorstellungsbereich von ‚oben – unten' ist, wie M. Johnson es nennt, ein „scale-scheme" der menschlichen Kognition gegeben, das auf elementaren Erfahrungen beruht.[6]

Die vertikale Ausrichtung des Menschen, sein aufrechter Gang, seine Körpergröße sowie die elementare Erfahrung der Erdanziehung machen die Opposition von ‚oben – unten' zu einem primären Orientierungsprinzip. Dabei gilt grundsätzlich, dass ‚oben' positiv besetzt ist, während ‚unten' negative Assoziationen weckt. Kinder haben beispielsweise intuitiv Angst, in den Keller zu gehen, während der Ausblick von einem Turm oder Berg als befreiend empfunden wird. Die unmittelbare Erfahrbarkeit und Einfachheit dieser räumlichen Orientierungsachse legen nahe, sie auch als Ordnungsprinzip in den Bereich des Abstrakten zu übertragen. Jede Form der Zunahme (sei es der Quantität, aber auch der Qualität oder Intensität) wird dann im so genannten ‚Skalen-Schema' als Be-

5 Vgl. *George Lakoff/Mark Johnson:* Metaphors we live by, Chicago 1980 (dt. Übers: Leben in Metaphern. Konstruktion und Gebrauch von Sprachbildern, Heidelberg ²2000); ferner *Mark Johnson:* The Body in the Mind. The Bodily Basis of Meaning, Imagination, and Reason, Chicago u.a. 1987.
6 Vgl. *Johnson* Body, 121ff.

wegung nach oben wahrgenommen. Beispiele für das Skalen-Schema in dt. Sprache sind etwa „in voller Höhe bezahlen" (viel ist Höhe); „in höchster Gefahr" (Intensität ist Höhe); „Wirtschaftsgiganten" (Macht ist Höhe).

Versuchen wir die joh Aussagen zu ‚oben – unten' auf dieser Ebene elementarer Konzeptualisierung zu lesen: Um den Herkunftsbereich Jesu für die Vorstellungswelt der Leser und Leserinnen verständlich zu machen, greift der Evangelist auf die allgemeine Erfahrung des Raumes zurück und ordnet Jesus dem ‚oberen Raum' zu. So lesen wir z. B. in Joh 8,23: „Ihr seid aus dem, was *unten* ist, ich bin aus dem was *oben* (*ano*) ist.

Entsprechend muss m.E. kontextuell auch die Formulierung im Gespräch mit Nikodemus (*gennethenai anothen*, Joh 3,3) in räumlicher Weise („von oben geboren werden") gelesen werden, obgleich der Begriff *anothen* doppeldeutig ist, und auch „von neuem/ wieder" bezeichnen könnte, was unter dem Einfluss asiatischer Wiedergeburtsvorstellungen heute vielfach bevorzugt wird.

Dass *anothen* die räumliche Dimension stark machen will, wird besonders auch in Joh 3,31f sichtbar, denn in den nahezu identischen Formulierungen, wird *anothen* im zweien Satz mit dem „Himmel" parallelisiert:

Der von oben her kommt, ist über allen. (…)
Der vom Himmel kommt, der ist über allen.

Dieses Spiel mit den Raumdimensionen wird dann besonders in dem Aussagenkreis um die ‚Erhöhung des Menschensohns' (Joh 3,14; 8,28; 12,32.34) sinnstiftend eingesetzt. Nach dem Erzählerkommentar von Joh 12,33 bezieht sich die Erhöhung auf den Tod am Kreuz. Wer von der Kreuzigung als ‚Erhöhung' spricht, ermöglicht dem Leser in dieser Deutung des Kreuzes seine eigenen Erfahrungen von ‚oben – unten' in die Bewertung des Kreuzesgeschehens einzubringen. Weil ‚oben' gut ist, wird auch der als Erhöhung klassifizierte Kreuzestod positiv konnotiert. Joh nutzt hierbei bewusst die Alltagsmetaphorik, um die traditionelle Bewertung des Kreuzes (vgl. Dtn 21,22f) buchstäblich auf den Kopf zu stellen. Damit wird das Niederste des Menschseins, gerade die Gebrochenheit, ja letztlich der Tod theologisch umgewertet – nicht aber negiert, wie man in doketischer Lesart von Johannes (z.B. Käsemann) früher glaubte. Die Christologie des Johannes bleibt Inkarnationschristologie. Der von oben kommende wird am Kreuz erhöht, nirgends anders – für eine „theologia gloria", die die Erde hinter sich lässt ist hier kein Platz!

Ziel: Christologie im Kommen und Annehmen

Doch was ist der Sinn dieser metaphorischen Sprechweise? Ist das ein theologisches Sprachspiel, eine sophistische Gelehrsamkeit? Gewiss nicht. Es geht um Christus-Erkenntnis, um Christusverstehen. Was sonst kaum oder gar nicht aussagbar ist, wird anhand der verwendeten Bilder sagbar. Aber diese Erkenntnis in Bildern eignet sich nicht für eine abstrakte oder absolute Dogmatik, die mit „Ist-Sätzen" festlegen will, was die Sprache der Bibel den offenen Sprachbildern vorbehält. Sie eignet sich ebenso wenig für die früher dominante historische Frage, ob nun Jesus sich als Messias oder Gottes Sohn etc. gesehen hat oder nicht.

Das Johannesevangelium ist nicht an der Klärung dieser Fragen interessiert. Vielmehr ist mit der Christologie immer zutiefst die Frage gestellt, was die jeweiligen Leserinnen und Leser selbst von Jesus halten. Annahme und Glauben können sich nicht abstrakt und unpersönlich ereignen. Sie sind diesseitsbezogen. Sie sind personenbezogen.

So wie Bilder der konkreten Auflösung, des persönlichen Nachspürens bedürfen, um verstanden zu werden, so ist auch Christologie nur persönlich im Prozess der Aneignung verstehbar. Christus bleibt so gesehen nicht „oben" bei Gott, sondern „kommt" herunter, herunter auf die Erde, zu den Menschen, zu jedem einzelnen („wer auch immer…"), der ihn annehmen oder zurückweisen kann.

Unser Predigttext stellt genau diese Frage: Willst Du das Zeugnis annehmen, lässt Du diese Aussagen über Christus an dich heran; bist Du bereit, Weihnachten sich ereignen zu lassen?

Gottesdienst und Predigt
Johannes 3,31–36

Hans-Helmar Auel

Predigt

„Alles Gute kommt von oben!" Zu keinem anderen Zeitpunkt wird diese alte Weisheit anschaulicher als in der Heiligen Nacht und in der gesegneten Zeit der Weihnachten, der vom Himmel geweihten Nächte auf der Erde. Längst aufgegebene Träume und Sehnsüchte werden erfüllt. Verkümmerte Hoffnung richtet sich auf zu neuem Leben. Zweifelnder Glaube findet neue Stärkung und wird zum Wandern zwischen den Jahren ermutigt. Er verliert sich nicht mehr in bitterer Ironie und behauptet, alles Gute komme von oben, wenn uns das Leben wieder einmal verregnet und verhagelt ist und wenn es der letzte Dreck ist, der uns aufs Haupt fällt. Von oben fällt strahlendes Licht in die dunklen Winkel und Ecken unseres Lebens und erhellt das Grauen des Alltags.

Alles Gute kommt von oben. Wie viele Augen sind zum Himmel gerichtet und halten Ausschau nach einer Lichtspur des Glanzes Gottes. Wie viele Hände strecken sich in die Höhe, um sich an-füllen zu lassen mit der Güte Gottes und dann auch gütig handeln zu können. Wie viele Herzen flehen darum, dass der Himmel sich öffne und Gottes Erbarmen herab fließe wie Regen auf durstiges Land. Dann wird er Keime wecken aus den Samenkörnern, die manchmal jahrelang in kargem und ausgezehrtem Boden lagen. Dann fängt selbst die Wüste an zu blühen.

Wie viele Gedanken und Worte machten sich auf die Reise über die Himmelsleiter und klopften, ja hämmerten bisweilen an das Himmelstor. Wie viele Gebete belagerten buchstäblich Gott im Himmel, weil sie nicht aufhören wollten, sich dem Willen Gottes auch in dunkler Zeit anzuvertrauen. Nichts, rein gar nichts, kann uns scheiden von der Liebe Gottes, die in Jesus Christus erschienen ist. Keine Dunkelheit, keine Angst, selbst das Zürnen Gottes nicht. Alles Gute kommt von oben.

Auf einmal geht das Herbeigebetete in Erfüllung. Gott öffnet den Himmel. Staunend stehen wir da und tragen zur gleichen Zeit Ehrfurcht im Herzen. Der Glanz Gottes blendet uns, wir können kaum hinsehen. Was von oben kommt, ist so irdisch. Und doch ist es himmlisch. Wie vermögen wir, wie Adam aus Erde gemacht, den Himmel zu verstehen? Wie vermögen wir, die Erde im Blick, über den Horizont zu schauen? Ach könnten wir uns doch einmal über die Erdenschwere erheben und wie von Gottes Geist beschwingt alles im Blick haben: unser Kommen, Verweilen und Gehen. Doch bleiben wir der Erde verhaftet, reden und denken oft genug in dieser Enge, aber tragen die Ahnung des Himmels in uns.

Zeichen begleiten uns. Aus dem Himmel sind sie in unser Herz gegeben. Sie wuchsen heran in den Nächten der Angst und wurden zu Worten unter dem Druck des Leides. Von Gott reden wir in Sinnbildern und Zeichen. Nicht hinreichend oft genug. Mühsam buchstabierend und stammelnd, erstaunte Erdlinge, die hineingenommen werden in Gottes Geheimnis. Gott äußert sich, bringt sein Innerstes nach Außen, gibt zum Begreifen das Unbegreifliche, das Unfassbare zum Anfassen. Ein Kind kommt in die Welt. Der unsichtbare Gott wird in ihm sichtbar. Der verborgene Gott offenbart sich in ihm. Das Kind trägt einen Namen, der wie eine Verheißung ist: Jesus – Gott rettet.

Alles Gute kommt von oben. Das Gute hat einen Namen: Rettung. Auch die Rettung hat einen Namen: Jesus, der Messias, der Retter, ist da. Aus dem Himmel kommt die Rettung für uns. Das Zeichen dieser Rettung ist das Kind in der Krippe. Hilflos, nackt und bloß. Bloßgestellt vor den Augen der Menschen. Doch das himmlische Zeichen verliert seinen Zauber unter den Bedingungen der Menschen und der Glanz Gottes wird im matten menschlichen Spiegel blass.

Vom Himmel kündet das Zeichen Gottes auf der Erde. Der aus dem Himmel kam, auf der Erde heimisch wird, bezeugt die himmlische Heimat, weiß den Himmel auf Erden zu verkünden. Einblicke gewährt er in das Verborgene, erzählt vom Geheimnis Gottes, das doch geheimnisvoll bleibt. Auf der Erde erdenkst du dir deinen Himmel. Dem aber hält oft genug der Himmel nicht stand. „Und sein Zeugnis nimmt keiner an!"

Immer wieder sind es solche Halbsätze, verräterisch dazu, die uns aus allen Wolken fallen lassen. So viele Sätze beginnen mit einem „Ja", bauen eine Hoffnung auf, wiegen in Sicherheit, um dann mit einem „Aber" weiterzugehen, unbemerkt oft genug, und rauben alle Illusionen. Der Prophet Jesaja klagt: „Durch Stillesein und Hoffen würdet ihr stark sein, aber ihr wollt nicht!" In die gleiche Klage stimmt Elihu im Buch Hiob (33,14) ein:

„Auf eine Weise redet Gott und auf eine zweite; nur beachtet man's nicht!"

Ist es das Schicksal, das immer wiederkehrende, dass Gottes Wort, erst herbeigesehnt, dann in dieser Welt ungehört verhallt? Besitzt die Dunkelheit dieser Welt die Kraft eines Schwarzen Lochs, dass sie alles Licht gleichsam verschluckt und auf Nimmerwiedersehen verschwinden lässt? Ist der Glanz Gottes für unser Leben so stark, dass wir aus Angst zu erblinden uns lieber abwenden und den gewohnten Sichtweisen folgen? Das Schicksal des Retters ist, dass nicht alle ihm die Rettung abnehmen.

Was aber dann? Alles ist von Gott bereitet. Der Lebenstisch ist sozusagen mit allem gedeckt, was das Herz erfreut und die hungrige und dürstende Seele satt machen und erfrischen kann. Alles strahlt im Glanze Gottes, selbst die Schatten des Lebens fallen hinter uns. Gottes Geschenk ist buchstäblich maßlos, nicht abgemessen und zugeteilt, nicht eingeschränkt und begrenzt. Es gibt kein Maß für die Liebe Gottes. Seine Gabe ist nicht messbar. Vielleicht ist es gerade das, was uns das Zeugnis der himmlischen Liebe nicht annehmen lässt: Es ist schlechthin unfassbar. Einzig der Glaube kann annehmen, dass Gott uns den Himmel schenkt. Er gibt das Große im Kleinen. Der Alltag wird zum Feiertag. Das Leben wird zum Fest von Gottes Wahrhaftigkeit. Unser bedingungsloser Glaube an die entgrenzende Güte Gottes wird zum Sigel, mit dem wir die Botschaft des Gottessohnes beglaubigen.

So könnte es sein. So ist es auch in manchen Augenblicken menschlichen Lebens. Wir schauen auf Jesus. In ihm erspähen wir die Liebe Gottes. Unser Herz öffnet sich und der Himmel durchdringt die Nächte und die Kälte der Welt. In der Nähe Gottes erscheint da etwas, das wir nur unter Mühen hinreichend beschreiben können. Worte reichen kaum aus, weil sie doch wieder nur Grenzen setzen. Aber dennoch will ausgedrückt sein, was Gott durch den Messias tief in uns eindrückte. Wir von Gott Gezeichneten erahnen Ewigkeit. In aller Vergänglichkeit das Bleibende, in allem Vergehen das Beständige, in aller Beständigkeit den Wandel.

Alles könnte gut sein. Das Lied von der Liebe Gottes hat unendliche Strophen. Die Brücke Gottes zu uns Menschen ist unzerstörbar, weil Jesus Christus Fundament und Pfeiler ist. Der Himmel hat die Erde in seinen Glanz hineingenommen. Alles könnte gut sein, weil alles Gute von oben längst gekommen ist. Doch bleibt da eine Seite, die der Evangelist Johannes benennt: „Wer aber dem Sohn nicht gehorsam ist, über dem bleibt der Zorn Gottes!" Ergänzen müssen wir: Wer aber dem Sohn gehorsam ist, über dem ist der Zorn Gottes weggenommen. In deutlicher Weise verweist Gott auf seinen Sohn. In ihm übt Gott Zurückhaltung und gibt seinem Zorn nicht nach.

Mit dem Gotteszorn tun sich gerade in unserer Zeit christliche Rede und kirchliche Predigt sehr schwer. Es hat den Anschein, als würde die Rede vom Zorn Gottes geradezu ängstlich gemieden, weil sie wohl nicht in unser Bild vom lieben Gott passt. Zu Weihnachten am allerwenigsten. Wir suchen nach Gründen, den Zorn Gottes aus unserem Gottesbild zu verdrängen und nehmen als Preis dafür in Kauf, die Bibel nicht mehr ernst zu nehmen, redet die doch in Altem und Neuem Testament durch alle Überlieferungsstränge vom Zorn Gottes in breitgefächerter Weise. Wenn wir aber die dunklen Seiten Gottes, sein Zürnen etwa, totschweigen, dann stehen wir in Gefahr, aus Gott einen Softie zu machen, angepasst unseren Wünschen und Vorstellungen. Dann hätten wir uns ein Bild von Gott mit sehr engem Rahmen gemacht und vergessen, dass der Zorn Gottes bleibt, auch wenn wir ihm ein uns passendes Mäntelchen geben. Aber Gott ist größer als alle Vernunft und all unsere Vorstellungen. Er kennt uns besser als wir uns selbst. Es liegt eben im Rahmen unserer Möglichkeiten, auf Jesus Christus nicht zu hören. Wir können uns dem Himmel verschließen und das Geschenk Gottes nicht annehmen. Gott aber zwingt uns nicht zum Heil. Die in Jesus Christus erschienene Rettung bleibt unwirksam, wenn sie nicht angenommen wird. Sünde nennt das unsere religiöse Sprache.

Es gibt aber einen Zorn aus Liebe, der retten will. Diese Liebe Gottes gilt uns Menschen, sein Zorn richtet sich gegen die Sünde. Der Theologe Gustav Stählin hat es so gesagt: „ Gottes Zorn ist der der verletzten Liebe, des Menschen Zorn ist der der empörten Selbstsucht." Ein Reden von der Liebe Gottes, bei welcher der Zorn verdrängt, unterdrückt oder gar geleugnet wird, steht in der

Gefahr, zwar dem religiösen Zeitgeist zu entsprechen, aber dennoch oberflächlich zu werden. Wenn sich aber unsere Kirche den Zeitgeist zum Partner nimmt, muss sie sich nicht wundern, wenn sie alsbald enttäuscht und verlassen dasteht. Das gilt es am Fest der Liebe, an Weihnachten, zu bedenken. Gott ist anders, als wir ihn haben wollen. Er schenkt mehr, als wir zu fassen vermögen. Von oben kommt alles Gute.

Gottesdienst

Das heilige Christfest V

PSALM 96

BITTRUF

Gott ist Geist, und die ihn anbeten, die müssen ihn im Geist und in der Wahrheit anbeten (Joh 4,24). Lasset uns rufen:

LOBPREIS

Denn also hat Gott die Welt geliebt, dass er seinen eingeborenen Sohn gab, damit alle, die an ihn glauben, nicht verloren werden, sondern das ewige Leben haben (Joh 3,16). Lasset uns ihm lobsingen mit allen Christen auf Erden, mit allen Toten unten in der Erde, mit allen Zukünftigen, die noch getauft werden, und mit allen Engeln in den Himmeln.

KOLLEKTENGEBET

Allmächtiger Gott, dein Wort hören wir und glauben dem, den du gesandt hast, der uns vorausgegangen ist vom Tod zum ewigen Leben. Amen.

LESUNGEN

Lukas 2,15–20
Titus 3,4–7
Micha 5,1–4a

Wir danken dir, allmächtiger Gott, für den Glanz deiner Heiligkeit, der uns die dunkelste Nacht zur Heiligen Nacht werden ließ. Wo dein Glanz unser mattes Leben zum Strahlen bringt, da umarmt der Himmel die Erde und bringt zum Jubeln die hoffenden und sich sehnenden Herzen.

Wir danken dir, allmächtiger Gott, dass du in Jesus Christus deinen Zorn gebändigt und zurückgenommen hast. Du hast dich selbst zurückgenommen, sonst wären wir alle verloren. In dem Messias hast du dich uns offenbart und bleibst dennoch verborgen. Lass uns das Unfassbare dankbar annehmen.

Alle gute Gabe und alle vollkommene Gabe kommt von oben herab, von dem Vater des Lichts, bei dem keine Veränderung ist noch Wechsel des Lichts und der Finsternis (Jak 1,17). Ohne Maß hast du deinen Geist gegeben, um uns aufzurichten und auszurichten an Jesus Christus. Amen.

LIEDER

Das Volk, das noch im Finstern wandelt (EG 20)
Gelobet seist du, Jesu Christ (EG 23)
Zu Bethlehem geboren (EG 32)
Fröhlich soll mein Herze springen (EG 36)
Kommt und lasst uns Christus ehren (EG 39)

Exegese zu Joh 1,15–18

Udo Schnelle

Übersetzung

[15] Johannes zeugt für ihn und ruft: Dieser war es, von dem ich sagte: Der nach mir Kommende ist vor mir geworden, denn er war eher als ich.

[16] Denn aus seiner Fülle haben wir alle empfangen, Gnade um Gnade.

[17] Denn das Gesetz wurde durch Mose gegeben, die Gnade und die Wahrheit sind durch Jesus Christus geworden.

[18] Gott hat niemand jemals gesehen; der einziggeborene Gott, der an der Brust des Vaters ist, er hat Kunde mitgebracht.

Kontextstellung

Joh 1,15–18 ist ein Teil des Prologs[1], der für den Evangelisten die Funktion eines programmatischen Eröffnungstextes hat. Sowohl seine Stellung als auch die vom Evangelisten eingearbeiteten Metareflexionen (V. 6–8.12c.13.15.17.18) legen diese Klassifizierung nahe. Am Anfang des Evangeliums dient der Prolog als Lektürean-

---

1 Vgl. zur Prologauslegung E. KÄSEMANN, Aufbau und Anliegen des johanneischen Prologs, in: ders., Exegetische Versuche und Besinnungen II, Göttingen ³1970, 155–180; G. RICHTER, Die Fleischwerdung des Logos im Johannesevangelium, in: ders., Studien zum Johannesevangelium, BU 13, Regensburg 1977, 149–198; O. HOFIUS, Struktur und Gedankengang des Logos-Hymnus in Joh 1,1–18, in: ders./H.-Chr. Kammler, Johannesstudien, WUNT 88, Tübingen 1996, 1–23; U. SCHNELLE, Das Evangelium nach Johannes, ThHK 4, Leipzig ⁴2009, 34–55; H. THYEN, Das Johannesevangelium, HNT 6, Tübingen 2005, 63–109.

weisung für den Leser, indem er das vom Evangelisten beabsichtigte Verständnis des Folgenden prägnant formuliert. Wie die synoptischen Evangelien bestimmt auch Johannes einen Beginn des Heilsgeschehens. Ist für Markus ‚der Anfang des Evangeliums' das Auftreten Johannes d.T., so stellt Lukas ein literarisches Proömium (Luk. 1,1–4) und Kindheitsgeschichten an den Anfang seines Evangeliums, während Matthäus sein Werk mit einem Stammbaum Jesu eröffnet. Lag offenbar eine Erweiterung der Heilsgeschichte ‚nach hinten' in der Tendenz der Evangelienschreibung, so übertrifft Johannes seine Vorgänger. Er greift auf den Urbeginn in Gen. 1,1 zurück und setzt damit einen unüberbietbaren Anfang. Der Prolog leitet das Verstehen und bildet als programmatischer Eröffnungstext in Verbindung mit Joh 20,30.31 den hermeneutischen Schlüssel zum 4. Evangelium. Die Hörer/Leser werden vom Evangelisten in das Werk eingeführt, und sie dürfen sich des Verstehens sicher sein, wenn sie in die grundlegende Glaubensaussage Joh 20,31 einstimmen können.

Durch den Prolog werden die Hörer/Leser des 4. Evangeliums in die Beziehungen des Logos Jesus Christus zum Vater, zur Schöpfung, zum Täufer, zum ungläubigen Kosmos und zur glaubenden Gemeinde eingeführt. Bereits der Prolog verdeutlicht, worum es im gesamten Evangelium geht: um Glaube und Unglaube.

Formgeschichtlich kann die zu rekonstruierende vorjohanneische Tradition (Joh 1,1–5.9–12b.14.16) als Hymnus bezeichnet werden, sofern das Charakteristikum eines Hymnus das rühmende und lobpreisende Aufzählen der Taten oder Eigenschaften einer Gottheit ist. Der Hymnus besteht aus Zwei- und Dreizeilern in lockerer Reihenfolge, ohne dass eine dominierende metrische Form nachzuweisen wäre. Kennzeichnend ist der Gebrauch von Logos *(logos)* am Anfang (V. 1 und V. 14) der beiden unterschiedlich langen Strophen und der Übergang vom Er-Stil zum Wir-Stil in V. 14. Beschreibt die erste Strophe das Sein des Logos bei Gott, seine Schöpfungsmittlerschaft und sein Wirken vor der Inkarnation *(logos asarkos)* im Kosmos, so artikuliert sich in der zweiten Strophe das Bekenntnis der christlichen Gemeinden zur Doxa des Inkarnierten. Der direkten, unmittelbaren Darstellung des Heilsgeschehens korrespondiert das Bekenntnis der Glaubenden (vgl. Phil. 2,6–9.10–11).

Theologische Grundlinien des Prologs

Der Johannesprolog ist eine Zuwendungsgeschichte, denn an jemanden das Wort zu richten heißt, sich ihm zuzuwenden: Gott wendet sich im Logos Jesus Christus den Menschen zu. Der Prolog entfaltet die Grundzüge der johanneischen Sinnbildung, an deren Anfang die für alle Kulturen und Religionen zentrale Frage der Legitimation durch Abstammung definitiv beantwortet wird: Der Logos Jesus Christus gehört von Anfang an zu Gott. Der Anfang ist im antiken Denken menschlicher Verfügung entzogen, er gehört Gott bzw. den Göttern und ihren Agenten. Auch bei Johannes setzt Gott das Sein, die Zeit und die Ordnung. Die Art und Weise des Anfangs wird im Mythos präsentiert, der erzählt, was dem Bestand der Welt vorausging. Durch Temporalisierung wird Wirklichkeit gebildet und treten die Hauptakteure der folgenden Erzählung in Relation zueinander. Der Temporalisierung entspricht eine theologische Hierarchie, die das gesamte Evangelium prägt und als durchgängige christologische Priorität zu bestimmen ist: Gott und der im Anfang bei ihm weilende Logos gehen allem Sein voraus, das nach dem Willen Gottes durch den Logos geschaffen, erhalten und bestimmt wird. Die in Joh 1,1 vorgenommene Relationierung zielt auf eine ursprüngliche und umfassende Partizipation des Logos an dem einen Gott, der Usprung und Grund allen Seins ist. Gott und der Logos sind nicht gleichursächlich, wohl aber gleichzeitig, gleichartig und gleichwirksam. Gott tritt aus sich heraus als Redender; sein Wort geht jedoch weit über die bloße Mitteilung hinaus: Es ist lebenschaffendes Schöpferwort. Gott ist ohne sein Wort nicht zu denken. Zugleich wird dadurch die für alle Kulturen und Religionen zentrale Frage der Legitimation durch Abstammung definitiv beantwortet: Der Logos Jesus Christus gehört von Anfang an zu Gott.

Der Mensch ist ein Geschöpf des Logos (Joh 1,3) und somit in seiner Herkunft von diesem geprägt. Es gibt für Johannes eine ursprüngliche Bestimmtheit des Menschen durch das Wort Gottes, denn Leben als spezifisches Kennzeichen des Menschseins ist ein Attribut des Logos (Joh 1,4). Der Logos erscheint als das Licht, „das jeden Menschen erleuchtet" (Joh 1,4b.9b). Die Lebendigkeit des Menschen wird von Johannes als Widerschein des Lichtes verstanden, das dem Logos von Anbeginn zu eigen war. Im Logos ist das Leben gegenwärtig, er ist der Ort des Lebens, und nur das Licht des Logos erhellt das Leben der Menschen. Der Logos will das Leben der Menschen erleuchten, er bewegt sich auf die Menschen zu. Von dieser Bewegung des Logos ist der gesamte Prolog geprägt. Der Logos scheint in der Finsternis (Joh 1,5), er kommt in die Welt (Joh 1,9c), in sein Eigentum (Joh 1,11) und ermächtigt Menschen, Kinder Gottes zu sein (Joh 1,12f). Die Ablehnung (V. 11) und die Aufnahme (V. 12) des Logos strukturieren das gesamte folgende Erzählgeschehen, es ist bereits deutlich, dass in der Auseinandersetzung zwischen Glauben und Unglauben jene Gestaltung der Erzählstruktur zu sehen ist, durch die das Geschehen gleichermaßen vorangetrieben und differenziert wird.

In Joh 1,14a erreicht die Bewegung der Zuwendung des Logos zur Welt ihren Zielpunkt: *kai ho logos sarx egeneto* („Und das Wort ward Fleisch"). Der Logos will den Menschen so nahe sein, dass er selbst Mensch wird. Der Schöpfer wird selbst Geschöpf, das Licht für die Menschen wurde Mensch. Sarx bezeichnet im Johannesevangelium den geschöpflichen Menschen aus Fleisch (vgl. Joh 1,13; 3,6; 6,51–56; 6,63; 8,15; 17,2) und Blut, die ‚pure Menschlichkeit'. Der Logos ist nun, was er zuvor nicht war: wahrer und wirklicher Mensch. Das Ereignis der Fleischwerdung des präexistenten Logos beinhaltet gleichermaßen eine Identitäts- und Wesensaussage: Jener Logos, der im Uranfang bei Gott war und Schöpfer allen Seins ist, wurde wirklich und wahrhaftig Mensch. Obgleich sich Zeit und Geschichte Gott und dem Logos verdanken, ging der Logos real in die Zeit und Geschichte ein, ohne darin aufzugehen. Die Menschwerdung sagt die volle Teilhabe Jesu Christi an der Geschöpflichkeit und Geschichtlichkeit allen Seins aus. Damit ist Gott selbst Subjekt wirklicher menschlicher Existenz. Zugleich gilt aber: Inkarnation bedeutet nicht die Preisgabe der Göttlichkeit Jesu, vielmehr ist im 4. Evangelium Jesu Menschlichkeit ein Prädikat seiner Göttlichkeit. Jesus ist Mensch geworden und zugleich Gott geblieben: Gott im Modus der Inkarnation. Er wurde Mensch ohne Abstand und Unterschied, Mensch unter Menschen. Zugleich ist er Gottes Sohn, auch zu ihm ohne Abstand und Unterschied. Hier verdichtet sich die grundlegende Paradoxie der johanneischen Christologie: Der geschichtliche Jesus von Nazareth nimmt für sich in Anspruch, unbegrenzte und bleibende Gegenwart Gottes zu sein. Deshalb ist die Menschwerdung im Johannesevangelium nicht Ausdruck einer Erniedrigung, sondern im Menschen Jesus ist Gott/der Logos erschienen. Die Inkarnation ist gewissermaßen ein Wechsel des Mediums, der ein neues Wirken Gottes unter und für die Menschen ermöglicht.

Exegese von Joh 1,15–18

V. 15: Der Evangelist Johannes fügt mit V. 6–8 und V. 15 die historische Gestalt Johannes des Täufers in den ursprünglichen Prolog ein. Herrschte in Joh 1,1–5 ein hymnischer Redestil vor, so findet sich in V. 6–8 Erzählstil. Der sprachlichen Veränderung entspricht eine neue Erzählebene, denn nicht mehr vom Prolog im Himmel, sondern von der Geschichte ist die Rede. Der Übergang von V. 1–5 zu V. 6–8 erscheint sowohl inhaltlich als auch sprachlich abrupt, während das Thema von V. 6–8 und der Erzählstil in V. 15.19ff eine Fortsetzung finden. V. 15 unterbricht in erzählender Prosa den Gedankengang und führt die bereits in V. 7.8 anklingende Bestimmung der Position des Täufers fort: Der Inkarnierte steht über dem Täufer, weil er in Wirklichkeit bereits vor ihm existierte. Zugleich tritt der Täufer damit in den Kreis der in V. 14 vorausgesetzten Zeugen ein. Er bestätigt die Identität des präexistenten Logos mit dem geschichtlichen Jesus von Nazareth und unterstreicht damit die Kernaussage von V. 14.

Deutlich wird der Täufer sowohl in V. 6–8 als auch in V. 15 von Jesus abgesetzt: 1) Er ist zwar ein von Gott Gesandter, aber nur ein Mensch. 2) Der Täufer tritt als Zeuge für Jesus auf, durch sein Zeugnis sollen die Menschen an Jesus glauben. 3) Nachdrücklich wird in V. 8 und in V. 15 die Meinung abgewiesen, der Täufer sei der eschatologische Heilsbringer. Der Evangelist war nicht an einer Darstellung der selbständigen Tätigkeit und Verkündigung des Täufers interessiert, sondern er ordnete das Täuferbild seiner Christusdarstellung unter. Dazu bot sich der Zeugnis-Begriff als eine historische und theologische Verstehenskategorie an. Nicht nur der Vater, sondern auch weitere Zeugen bestätigen den Anspruch Jesu. Neben dem Täufer (1,6–8.15.19ff) und den ‚Werken‘ (Joh 14,11) bezeugt vor allem die Schrift den Offenbarungsanspruch Jesu, denn sowohl Mose (Joh 5,45–47) als auch Abraham (Joh 8,56) und Jesaja (Joh 12,41) haben von ihm geschrieben.

Die sachliche Grundlage von V. 15 ist die Präexistenzvorstellung. Der Täufer bezeugt, das der Logos Jesus Christus vor ihm war, obwohl er nach ihm auftrat. Die Präexistenzaussagen unterstreichen im Johannesevangelium den Anspruch Jesu Christi und erweisen, dass seine Worte zugleich die Worte Gottes, seine Werke zugleich die Werke Gottes sind, dass er als Mensch zugleich ‚von oben‘ ist. Präexistenz und Inkarnation beantworten damit auch die alte religionsphilosophische Frage, wie und wo es zu einer Begegnung zwischen Transzendenz und Immanenz gekommen ist. Jesu wahrer Ursprung ist Gott, von dem er ausgegangen ist; er stammt somit vom Himmel, ist in die Welt herabgestiegen und bringt authentische Kunde von Gott. Das bedeutet zugleich, dass alles, was er sagt, lehrt und tut, ebenfalls bei Gott seinen Ursprung hat, Gottes Worte, Lehre und Werke sind. Diese fundamentalen Zusammenhänge werden von Johannes d. T. ausdrücklich bestätigt.

V. 16 Der in Jesus gegenwärtige Gott erweist sich als eine dem Menschen zugewandte Wirklichkeit, der den Menschen Gnade und Leben eröffnet. Nachdrücklich werden die Erfahrung des epiphanen Logos durch die Glaubenden und die Heilsdimension der Inkarnation betont. Das Subjekt „wir alle" verdeutlicht: Keineswegs nur die ‚Augenzeugen‘, sondern auch die spätere glaubende Gemeinde ist Zeuge des Heilsgeschehens. Allen steht es offen, im Glauben die Gnade Christi zu empfangen. Somit kann V. 16 nicht als bloße redaktionelle Wiederholung von V. 14 angesehen werden, denn V. 16 variiert und präzisiert zugleich; er knüpft an V. 14 an, führt aber zugleich darüber hinaus. Gnade hat Widerfahrnischarakter, sie beinhaltet Gottes Freundlichkeit, Güte und Huld, die sich im Christusgeschehen den Menschen zuwendet.

V. 17 Der Vers ist antithetisch aufgebaut, er nimmt 16b auf und erläutert das Stichwort ‚Gnade‘. Unüberhörbar wird der Absolutheitsanspruch der Offenbarung Gottes in Jesus Christus proklamiert und zugleich die heilsmittlerische Funktion des Mose relativiert, die sich auf die bloße Übergabe des Gesetzes beschränkt. Gründen sowohl die Gesetzesübergabe als auch Gnade und Wahrheit in einem Akt Gottes, so stehen doch die ‚Mittler‘ Mose und Jesus

Christus in einem strikten Gegensatz. Während Mose lediglich das Gesetz erhielt, sind durch Jesus Christus Gnade und Wahrheit in der glaubenden Gemeinde Wirklichkeit geworden. Allein in der Inkarnation des Logos offenbart sich die göttliche Gnadenwirklichkeit, wodurch das Mosegeschehen zum bloßen Übergabeakt degradiert wird. Das vom Kontext her überraschende Thema von V. 17 weist auf den Evangelisten als Verfasser, der am Ausschließlichkeitscharakter und Absolutheitsanspruch des Christusgeschehens durchgehend interessiert ist. Es gibt keine heilsgeschichtliche Kontinuität zwischen Mose und Jesus Christus, die Christen stehen unter der Gnade und der Wahrheit, nicht unter dem Gesetz. Das Gesetz gehört auf die Seite der Juden (vgl. Joh 7,19; 8,17; 10,34), die Christen hingegen haben das Stadium einer Gesetzesreligion längst hinter sich gelassen (vgl. Joh 4,20ff).

Neben dem Logos greift Johannes bereits im Prolog mit dem Wahrheitsbegriff einen weiteren zentralen Terminus antiker Philosophie auf. In Joh 1,14.17 erscheint Jesus Christus als Ort der Gnade und Wahrheit Gottes, d.h. Wahrheit hat Widerfahrnischarakter und wird von Johannes personal gedacht. Wahrheit ist damit weitaus mehr und etwas völlig anderes als der Konsens subjektiver Vermutungen. Als Wahrheit erschließt Jesus den Glaubenden den Sinn seiner Sendung, offenbart ihnen den Vater und befreit sie dadurch von den Mächten des Todes, der Sünde und der Finsternis. Jesus Christus ist nicht nur Zeuge der Wahrheit, sondern die Wahrheit selbst. Freiheit ist somit die unmittelbare Wirkung der Wahrheitserfahrung der Glaubenden: „Und ihr werdet die Wahrheit erkennen, und die Wahrheit wird euch frei machen" (Joh 8,32). Die personale Dimension des johanneischen Wahrheitsbegriffes zeigt deutlich Joh 14,6: „Ich bin der Weg, die Wahrheit und das Leben; niemand kommt zum Vater außer durch mich." Jesus ist der Weg, weil er selbst die Wahrheit ist und das Leben spendet. Der Evangelist bindet das Verständnis Gottes exklusiv an die Person Jesu; wer Gott ist, kann nur an Jesus abgelesen werden. Damit formuliert Johannes einen nicht mehr zu überbietenden Exklusivitätsanspruch und erhebt einen inneren Absolutheitsanspruch. Innerer Absolutheitsanspruch heißt, Jesus als den einen und einzigen Weg zu Gott zu glauben und zu bekennen. Es bedeutet, die Zusage Jesu, dass er den einen wahren Weg zu Gott eröffnet, wirklich ernst zu nehmen und nicht von vornherein zu relativieren. Ein äußerer

Absolutheitsanspruch wäre, diesen Wahrheitsanspruch unter allen Umständen durchzusetzen, möglicherweise sogar mit Gewalt. Davon ist das johanneische Christentum weit entfernt, denn es ist eine Religion der Liebe; nicht Wahrheit und Gewalt, sondern allein Wahrheit und Liebe gehören für Johannes zusammen. Die Ausschließlichkeit der Manifestation göttlicher Wirklichkeit in Jesus Christus richtet sich kritisch gegen alle konkurrierenden Ansprüche. Wahrheit und Leben im umfassenden Sinn sind für die Menschen nicht verfügbar, es gibt sie nur bei Jesus Christus. Weil Johannes Wahrheit nicht abstrakt versteht, sondern personal denkt, muss der Wahrheitsbegriff inhaltlich präzisiert werden. Gottes Heilswerk in Jesus Christus kann nach johanneischer Sicht nur adäquat als ein Akt der Liebe Gottes zu den Menschen verstanden werden (vgl. Joh 3,16; 1Joh 4,8.16), so dass sich Wahrheit und Liebe gegenseitig auslegen. Der johanneische Absolutheitsgedanke ist nichts anderes als eine Variation der Absolutheit der göttlichen Liebe zu den Menschen in Jesus Christus. Gott wendet sich im Sohn in absoluter Liebe den Menschen zu.

V. 18 Betonte Joh 1,1 die Gleichursprünglichkeit des Logos mit Gott hinsichtlich seines vorweltlichen Seins, so wird nun die Vorstellung der einzigartigen Beziehung Jesu zum Vater in ihren geschichtlichen Dimensionen entfaltet. Jesus ist der Exeget Gottes, er allein vermag wirklich Kunde vom Vater zu bringen. Jesus liegt an der Brust des Vaters, so wie in Joh 13,23 der ‚Lieblingsjünger‘ an der Brust Jesu liegt: „Es lag aber einer von seinen Jüngern an der Brust Jesu, der, den Jesus liebte." Nur in Joh 1,18 und 13,23 findet sich das Wort *kolpos* („Brust/Busen"), das das jeweils innige Verhältnis zwischen Gott und Jesus bzw. Jesus und dem ‚Lieblingsjünger‘ bezeichnet. Im Rahmen der Fußwaschung liegt der Lieblingsjünger an der Brust Jesu, so wie Jesus nach Joh 1,18 an der Brust des Vaters lag. Damit wird der Lieblingsjünger zum einzigartigen Exegeten Jesu, so wie Jesus der exklusive und wahrhaftige Exeget Gottes ist! Mit der Inkarnation ging die einmalige und unmittelbare Gotteserfahrung Jesu in die Geschichte ein und ist nun für die Menschen als Offenbarung des Gottessohnes vernehmbar. Dadurch werden die Aussagen des Prologs auf die folgende Darstellung der Geschichte Jesu Christi appliziert: Was sich in den Taten, Reden und dem Leiden Jesu Christi vollzieht, entsprach von Anfang an dem Willen Gottes. Die Exklusivität des Christusgeschehens ist somit auf zweifache Weise gesichert, denn allein Jesus Christus vermag Kunde von Gott zu geben, und seine Offenbarung liegt im uranfänglichen Sein des Logos bei Gott begründet. Die überleitende Funktion, das typisch johanneische Thema der ausschließlichen Gottesoffenbarung in Jesus Christus (vgl. Joh 5,37; 6,46; 16,28) und die Sprachgestalt des Verses lassen ihn als Bildung des Evangelisten erkennen. Durch die offenkundige Korrespondenz mit Joh 20,28 betont Johannes die Gottheit Jesu (vgl. auch 1Joh 5,20), die ihm von Anfang an zu eigen war, auch in seinem Erdenwirken sichtbar blieb und die Erscheinungen des Auferstandenen prägt.

Gesamtinterpretation

Der Johannesprolog verdeutlicht: Jesus ist nicht nur der Weg zu Gott, er ist die Verkörperung göttlicher Wahrheit und göttlichen Lebens. Wahrheit ist etwas anderes als Richtigkeit; Wahrheit bedeutet Verlässlichkeit, Treue, Gültigkeit und Wahrhaftigkeit. Wahrheit ist aber auch Orientierung. Sich orientieren heißt, sich auf den Orient ausrichten, auf das Heilige Land, wo Jesus wirkte und starb. Jesus ist der Weg, weil er selbst die Wahrheit ist und das Leben spendet. Der Evangelist bindet das Verständnis Gottes von Anfang an exklusiv an die Person des Gottessohnes Jesus von Nazareth; wer Gott ist, kann nur an Jesus abgelesen werden. Wahrheit und Leben im umfassenden Sinn sind für die Menschen nicht verfügbar, es gibt sie nur bei Jesus Christus. Bereits Joh 1,4 und der gesamte Prolog verdeutlichen: Wo Jesus ist, da ist Leben. Er ist das Leben, er bringt die Fülle und lässt Leben gelingen. Das gesamte Johannesevangelium zeugt davon, dass Jesus Lebensspender ist. Auf der Hochzeit von Kana verwandelt Jesus Wasser in Wein und zeigt, wie lebensfroh der Glaube ist. Die Frau am Brunnen in Samaria erhält von Jesus lebendiges Wasser, das den Lebensdurst wirklich stillt. Das Leben siegt über den Tod bei der Auferweckung des Lazarus. Dem Blindgeborenen gibt Jesus eine neue Lebensperspektive, und der Gelähmte am Teich Bethesda kann wieder gehen und kehrt in das Leben zurück. Glaube ist bei Johannes das unbedingte Zutrauen in die Lebensmacht Jesu. Die johanneischen Christen waren davon überzeugt, dass Jesus die Wahrheit ist und wirklich Leben schenkt, das jetzt beginnt und auch mit dem Tod nicht endet. Jesus hat uns gezeigt, wie Leben gelingen kann, in Gemeinschaft mit Gott und in Liebe zu den Menschen. Ein Leben, das einen festen Grund, eine klare Richtung und ein erstrebenswertes Ziel hat. Mit Jesus auf dem Weg zu sein heißt teilzuhaben an Gottes Wahrheit und Lebensfülle.

Gottesdienst und Predigt
Johannes 1,15–18

Hans-Helmar Auel

Predigt

In einem Ort, in dem nur Blinde wohnten, erschien eines Tages ein Fremder mit einem Elefanten. Er war auf der Durchreise. Da die blinden Einwohner nur immer von Elefanten gehört, sie aber nie betastet, geschweige denn gesehen hatten, baten sie um die Erlaubnis, den Elefanten mit den Händen berühren zu dürfen. Der Fremde erlaubte es ihnen. Alsbald näherten sich die Ortsbewohner mit ihren Händen dem Elefanten, erst vorsichtig tastend, dann immer selbstsicherer zugreifend. So erfühlten sie den Elefanten und begriffen buchstäblich, wie ein Elefant war. Des Abends beim Feuer vor den Hütten berichteten sie von ihren Erlebnissen, erzählten von dem, was sie da begriffen hatten.

Der eine, der an den Rüssel des Elefanten geraten war, berichtete von einem schlangenähnlichen Tier. Ein anderer, der ein Ohr betastet hatte, wusste von einem großen runden Wesen zu berichten. Der Dritte, der einen Stoßzahn ergriffen hatte, meinte, ein Elefant sei ein sehr hartes längliches Lebewesen. Alsbald gerieten die Blinden untereinander in heftigen Streit darüber, wer denn wohl den Elefanten richtig begriffen habe. Den Elefantenführer zu befragen war nicht mehr möglich. Er hatte seinen Weg fortgesetzt.

Schwer fällt es uns zu begreifen, was wir nicht gesehen haben, zu schauen, was unseren Augen verborgen ist, weiterzugeben, was wir selbst nur bruchstückhaft begriffen haben. Oft genug setzen wir unsere Erkenntnis absolut. Manche müssen darunter leiden. Manchmal hören wir auch die Auskunft: „Ich glaube nur das, was ich sehe!" Andere aber finden sich eher wieder in den Worten eines Liedes: „So sind wohl manche Sachen, die wir getrost belachen, weil unsre Augen sie nicht sehen" (Matthias Claudius, EG 482,3).

Niemand hat Gott je gesehen. Mehrfach wiederholt das Johannes in seinem Evangelium und in seinen Briefen (Joh 5,37; 6,46; 1Joh 4,12). Die Menschen, welche die Chance hatten, Gott zu schauen wie der Prophet Elia, schlugen vor der Majestät Gottes ihre Augen nieder und verhüllten ihr Angesicht (1Kön 19,13). Und Moses wurde von der Hand Gottes selbst geschützt, weil „kein Mensch leben wird, der mich sieht" (2Mose 33,20). Hinter Gott herschauen durfte er, da Gott an ihm vorüber gegangen war. Vielleicht ist das unser Los, dass wir die Begegnung mit Gott erst im Rückblick begreifen.

Niemand hat Gott jemals gesehen. Gott ist nicht sichtbar, stellt sich schon gar nicht zur Schau. Auch darunter leiden wir. Einmal wie der Jünger Thomas mit eigenen Augen sehen und mit eigenen Händen begreifen können, dann würden wir glauben. Dann hätten wir doch für unseren Glauben im wahrsten Sinn etwas in den Händen. Der Auferstandene jedoch verheißt uns: „Selig sind, die nicht sehen und doch glauben!"

Niemand hat Gott jemals gesehen. Damit entzieht er sich auch unserer Verfügungsgewalt. Denn alles, was unser Auge schaut, will von uns in Besitz genommen werden. Wir sehen und kaufen und nehmen. Und doch – nehmen wir nicht manches auch unbesehen? Ist das, was vor unseren Augen liegt, immer so eindeutig? Kann es nicht auch manipuliert werden, damit es uns leichter eingeht? Dafür haben wir eine treffliche Redewendung: Du siehst blendend aus! Und dann sehen wir alleine das, was wir sehen sollen. Wer Gott aber ist, können wir alleine an Jesus ablesen.

Unser Auge kann getäuscht werden. Deshalb mahnt Jesus: „Urteilt nicht nach dem, was vor Augen ist, sondern urteilt gerecht" (Joh 7,24). Denn der Mensch sieht, was vor Augen ist, Gott aber schaut das Herz an (1Sam 16,7). Oft genug ist es unsere eigene Angst, die unser Auge trübt. Dann erleben wir erschreckt, dass wir sehenden Auges doch blind sind. Wir sehen nicht alles, was offenkundig ist. Doch ist unser Leben ein Suchen nach Gott. Wer aber sucht, der muss die Augen aufhalten. Wir leben, damit uns die Augen geöffnet werden. Gott ist unsichtbar. Er bleibt es auch. Doch leben wir in der Hoffnung, einmal alles in Klarheit schauen zu können.

In Jesus, dem Sohn, finden wir nun den Weg zu Gott. Er ist das anschauliche Gotteswort und sagt: „Ich bin der Weg und die Wahrheit und das Leben; niemand kommt zum Vater denn durch mich!" In Jesus Christus wird der unsichtbare Gott für uns anschaulich. Ein jeder aber von uns sieht auf seine Weise. Darin gleichen wir den Blinden. Weil wir unterschiedlich sehen, berichten wir auch unterschiedlich.

Jesus ist das Wort Gottes. Gott ist ohne sein Wort nicht zu denken und zu glauben. So war es von Anfang an. Jesu Worte sind zugleich Gottes Worte, seine Werke zugleich Gottes Werke. Wir sind auf dem Weg, Gottes Wort in uns aufzunehmen und uns erhellen zu lassen. Aber wir besitzen Gott nie. Jetzt erkennen wir nur bruchstückhaft, wie in einem dunklen Spiegel, wie der Apostel Paulus anmerkt. Einmal aber werden wir in Vollendung schauen. Wenn wir aber immer nur bruchstückhaft die Größe Gottes begreifen, so haben wir nie die ganze Wahrheit. Jesus aber ist nicht nur der Zeuge der Wahrheit. Er ist die Wahrheit selbst. Dabei ist Wahrheit etwas anderes als Richtigkeit. Sie ist Verlässlichkeit und Treue, atmet Wahrhaftigkeit und schenkt Orientierung.

Gott und der Weg zu ihm liegen nicht in unserer Planbarkeit auch dann nicht, wenn wir uns intensiv von Wirtschaftsberatern fachlichen Rat holen. Gott ist nicht verfügbar, aber er ist erreichbar. In Jesus Christus ging er in diese Welt ein, ohne in dieser Welt aufzugehen. Wenn wir Gott gefunden haben, werden wir erstaunt feststellen, dass wir von ihm längst gefunden worden sind. Wir sind buchstäblich Findelkinder in den dunklen Tälern des Lebens. Dabei weist uns Jesus Christus als Gottes Wort nicht nur den Weg. Er ist selbst der Weg.

Dieser Weg zu Gott öffnet sich in der Verkündigung. Im Hören gehen uns die Ohren auf für die Wahrheit unseres Lebens. Wir haben den Weg zu Gott nicht gebahnt. Wir sind auch nicht der Weg. Wir erfahren aber in der Begegnung mit dem Lehrer, wie der Evangelist immer wieder sagt, was durch ihn geworden ist. Gott, der niemandem sichtbar ist, hat sich uns zugewendet. In seiner Zuwendung erfahren wir Segen. Die Zuwendung Gottes aber ist Jesus Christus. Darin liegt beschlossen, dass Gott uns annimmt. Gnade um Gnade haben wir alle genommen. Gnade aber ist die Zärtlichkeit Gottes, mit der er uns umgibt (D. Sölle). Etwas von dieser Zärtlichkeit spüren wir, wenn der Evangelist Johannes sagt, dass Jesus an der Brust des Vaters liegt. Gottes Gnade umgibt uns von allen Seiten und in allen Zeiten. Da können wir nichts erzwingen. Wir werden aber beschenkt. Da haben wir keinen Anspruch. Wir werden aber einfach angenommen. Da ist für uns nichts machbar. Wir erleben aber erstaunt, wie unsere leeren Herzen gefüllt werden. Das ist die Wahrheit, die durch Jesus Christus geworden ist. Sie werden wir hören und sehen und erkennen, und wir werden frei zum Leben.

Im Zweiten Weltkrieg soll eine unbekannte Hand an eine Wand des Warschauer Ghettos folgende Worte geschrieben haben:

> Ich glaube an die Sonne,
> auch wenn sie nicht scheint.
> Ich glaube an die Liebe,
> auch wenn ich sie nicht spüre.
> Ich glaube an Gott,
> auch wenn ich ihn nicht sehe.

Welchen Weg des Sehens hat wohl dieser Mensch zurück gelegt, wenn er in solch dunklen Stunden seines Lebens seinen Glauben an den ihm unsichtbaren Gott nicht verliert? In diesen Worten dringt eine Zuversicht aus der Tiefe des Lebens, in der wir Gnade um Gnade empfangen. Es sind Worte aus der Tiefe und nicht Worte über die Tiefe. Selig sind, die nicht sehen und doch glauben. Das ist wohl die größte und tiefste Gnadengabe.

In Jesus Christus ist uns diese Gnadengabe zur Wahrheit geworden. Er ist der Ort der Gnade und der Wahrheit Gottes. Das wird der Evangelist nicht müde zu betonen. Zum Zeugen ruft er seinen Namenskollegen, den Täufer Johannes. Erfuhr der doch sein Leben umgeben und eingebettet in das Leben des Gottessohnes. Der war vor ihm und kommt nach ihm. Es bleibt ein tiefes Geheimnis, dass wir in unserem Leben immer von Gott umgeben sind. Wir leben, weil Gott uns leben lässt. Wir sehen, weil Gott uns die Augen öffnet. Wir hören, weil Jesus uns Gott als den Vater verkündigt. Wir begreifen, weil Gott sich begreifen lässt. In Jesus Christus ist er buchstäblich angreifbar geworden.

Auf seinem berühmten Kreuzigungsbild des Isenheimer Altars hat Matthias Grünewald den Täufer Johannes mit übergroßem Finger auf den gekreuzigten Jesus zeigen lassen, als wolle er uns damit zeigen und sagen: Da – seht hin. Da seht ihr alles, was ihr sehen müsst. Da werden Gottes Gnade und Wahrheit sichtbar. Da könnt ihr begreifen. Da – der eingeborene Sohn, in dem der unsichtbare Gott anschaubar wird. Da wird das Verborgene sichtbar, die Größe Gottes in menschlichem Jammer. Davor brauchen wir unser Antlitz nicht zu bedecken. Da schauen wir hin und uns gehen die Augen über, denn da sind Vater und Sohn eins. Da nehmen wir Gnade um Gnade. Deshalb glaube ich an Gott, auch wenn ich ihn nicht sehe.

Gottesdienst

Epiphanias III

PSALM 100

BITTRUF
> Das ist Gottes Werk, dass ihr an den glaubt, den er gesandt hat (Joh 6,29), denn er erbarmet sich unser.

LOBPREIS
> Also hat Gott die Welt geliebt, dass er seinen eingeborenen Sohn gab, damit alle, die an ihn glauben, nicht verloren werden, sondern das ewige Leben haben (Joh 3,16). Ihm lobsingen wir mit allen Christen auf Erden, mit allen Toten unten in der Erde, mit allen Zukünftigen, die noch getauft werden, und mit allen Engeln in den Himmeln.

KOLLEKTENGEBET
> Herr, allmächtiger Gott, stärke uns darin, an das Licht zu glauben, solange wir es haben, damit wir Kinder des Lichtes werden (Joh 12,36).

LESUNGEN
> Mt 2,1–12
> Eph 3,2–3a.5–6
> Jes 60,1–6

GEBET
> Allmächtiger Gott, oft genug hörst du unsere Klage, dass wir dich nicht sehen können. Doch in Jesus Christus bist du anschaulich geworden. An ihm sehen wir, dass du dich uns

zugewandt hast und dein Antlitz nicht vor uns verbirgst. Dafür danken wir dir.

Herr Jesus Christus, du bist der Weg zu Gott. Steinig genug ist er ja, und doch führt er uns zu unserem Ziel. Du weist uns den Weg zum Vater und gehst ihn auch, gehst uns voran und bist unser Licht. Dafür danken wir dir.

Heiliger Geist, zu uns in die Welt gekommen, damit wir getröstet voran schreiten, unsere Augen aufheben und unsere Hände zum Gebet falten. Wir bitten dich, stärke uns, wenn wir müde werden und tröste uns, wenn wir verzagt sind. Dafür danken wir dir. Amen.

LIEDER

Wie schön leuchtet der Morgenstern (EG 70)
O König aller Ehren (EG 71)
Lobt Gott, ihr Christen (EG 27)
Brich an, du schönes Morgenlicht (EG 33)

Jesu Taufe nach Matthäus (Mt 3,13–17)

Friedrich Avemarie

Jesus und Johannes

Johannes der Täufer muss eine überaus eindrucksvolle Persönlichkeit gewesen sein. Als Bußrufer in der Wüste und Asket, der sich von Heuschrecken und wildem Honig ernährte, stand er bei der judäischen Bevölkerung in höchstem Ansehen; ja, Herodes Antipas, als Vierfürst über Galiläa und das Ostjordanland sein Landesherr, fürchtete seinen Einfluss so sehr,[1] dass er ihn schließlich einkerkern und bald darauf enthaupten ließ. Viele waren zu ihm an den Jordan gezogen, um, von seiner Gerichtspredigt erschüttert, ihre Sünden zu bekennen und um die Taufe zu empfangen, die er den Büßenden durch Untertauchen im Flusswasser zu spenden pflegte. Unter ihnen befand sich, wie die synoptischen Evangelien übereinstimmend berichten, auch Jesus von Nazareth.

Die Nachricht von seiner Taufe durch Johannes gehört zum historisch Zuverlässigsten, was das Neue Testament von Jesu Leben berichtet. Ähnlich wie bei seiner Herkunft aus einem unbedeutenden galiläischen Dorf und seiner Kreuzigung unter Pontius Pilatus lässt sich auch in diesem Fall der Tatsachengehalt der Überlieferung schon daran ermessen, wie sehr sich das älteste Christentum mit ihr schwer tat. Das Problem war, dass Umkehr und Sündenvergebung, wie sie mit der Johannestaufe verbunden waren, so gar nicht zu den Vorstellungen passten, die man sich von einem Messias und Gottessohn machte. In kindlicher Schlichtheit bringt dies ein

---

[1] Dies nennt Flavius Josephus als Grund für seine Verhaftung und Hinrichtung (*Antiquitates Judaicae* 18,118). Nach Markus 6,18 war der Anlass der, dass Johannes den Tetrarchen öffentlich wegen seiner Ehe mit seiner vormaligen Schwägerin Herodias kritisiert hatte, die nach biblisch-jüdischem Recht unzulässig war. Die beiden Erklärungen schließen sich nicht gegenseitig aus.

apokryphes judenchristliches Evangelium zum Ausdruck, das davon erzählt, wie Mutter und Geschwister Jesus auffordern, mit ihnen gemeinsam die Johannestaufe zu empfangen, er ihnen aber entgegnet: „Was habe ich gesündigt, dass ich gehen und mich von ihm taufen lassen sollte? Es müsste denn sein, dass dies selbst, was ich da gesagt habe, (Sünde aus) Unwissenheit wäre!"[2] Man kann vermuten, dass auch in dieser Geschichte Jesus am Ende in seine Taufe einwilligt; aber mit welchen Gründen er dies tun wird, bleibt offen, da der erhaltene Text mit dem zitierten Unschuldsbekenntnis endet.

Das Johannesevangelium umgeht die Schwierigkeit, indem es Jesu Taufe nicht erwähnt. Vermutlich setzt es voraus, dass seine Leserschaft durch mündliche Tradition, vielleicht auch durch das Markusevangelium oder sonst einen Evangelientext, hinreichend im Bilde ist. Aber auf explizite Hinweise verzichtet es, und damit erspart es sich auch andernfalls womöglich nötige Erklärungen. Selbst dass das Tauchritual des Johannes der Buße und Vergebung diente, bleibt unerwähnt; stattdessen ist es nun Jesus, der als Lamm Gottes die Sünde der Welt davonträgt (1,29). So reduziert sich der Zweck der Taufe darauf, dass sie den Täufer an denjenigen Ort führt, wo er auf Jesus warten und für ihn Zeugnis geben soll. Seine fast bis zur Unverständlichkeit komprimierte Selbstaussage in 1,31 bringt es auf den Punkt: „... auf dass er Israel offenbar würde, dazu kam ich und taufte mit Wasser." Die folgenden Verse fügen erläuternd hinzu, dass er den Geist wie eine Taube auf Jesus herabkommen sah und daran erkannte, dass dieser der erwartete Geisttäufer war (1,32–34). Dass dies geschah, als Jesus aus dem Jordan stieg, wird verschwiegen. Übernommen wird aus der bekannten Überlieferung zur Johannestaufe lediglich – andeutend – die Vorstellung von ihrer Überbietung durch die Geisttaufe des kommenden Stärkeren (vgl. Mk 1,8 usw.).

Das Matthäusevangelium stellt sich dem Problem in entgegengesetzter Weise: nicht indem es davon ablenkt, sondern indem es ihm eine ausführliche Erklärung widmet. Es liefert sie narrativ in Form eines kleinen Dialogs zwischen den beiden Hauptpersonen,

---

2 Hebräerevangelium Fragment 10, bei Hieronymus, *adversus Pelagianos* III 2,1–9, nach D. Lührmann, Fragmente apokryph gewordener Evangelien in griechischer und lateinischer Sprache, MThSt 59, Marburg 2000, S. 55.

der der Taufe vorausgeht. Der Einwand des Täufers – eigentlich müsste doch umgekehrt er von Jesus getauft werden – bleibt in der Sache unwidersprochen, aus der Sicht des Evangelisten trifft er also zu. Die Formulierung bringt vor allem den Rangunterschied zum Ausdruck, wobei sie impliziert, dass derjenige, der tauft, gegenüber dem, der getauft wird, die überlegene Position einnimmt.[3] Und in der Tat, Jesus, der Messias und Sohn Davids (vgl. 1,1), der von Johannes angekündigte Stärkere (3,11), steht so weit über seinem Propheten, dass dieser sich nicht einmal für würdig hält, ihm den Sklavendienst[4] des Schuhetragens zu erweisen. Wie könnte er, der er doch selber mit Geist und Feuer taufen wird (ebd.), sich zu dem demütigenden Wasserbad im Jordan herablassen?

Jesu Entgegnung verweist allerdings auf eine Notwendigkeit, die die Logik, nach der Johannes argumentiert, übersteigt: Es obliege ihnen beiden, „alle Gerechtigkeit zu erfüllen". Die Formulierung trägt deutlich die Handschrift des Matthäus, sowohl „Gerechtig- keit" *(dikaiosyne)* als auch „erfüllen" *(pleroo)* gehören zu seinem Lieblingsvokabular. Es ist also sein eigenes deutendes Nachdenken, dem sich diese kleine Einfügung in den Markus-Text verdankt, nicht die Überlieferung. Dass der kleine Redewechsel demnach so wahrscheinlich nie stattgefunden hat, ist dabei freilich zweitrangig. Entscheidend ist, dass hier punktgenau zur Sprache kommt, was es in Wirklichkeit mit dem Verhältnis zwischen Jesus und Johannes auf sich hatte.

Hat also Matthäus die Feder geführt, so kann sich auch nur aus seinem Sprachgebrauch der Sinn der Worte erschließen. Das Verb *pleroo* verwendet er sonst vor allem im Zusammenhang der so ge- nannten „Erfüllungszitate", alttestamentlicher Prophetentexte, mit denen er die Geschichte Jesu als göttlich vorherbestimmt erweist,[5]

---

3 Ähnlicher Auffassung scheint man auch in der Gemeinde von Korinth ge- wesen zu sein; vgl. 1. Korinther 1,13–15.

4 Nach jüdischem Recht galt das Versorgen des Schuhwerks des Besitzers als niederster Sklavendienst, von dem Sklaven jüdischer Herkunft sogar befreit waren; s. *Mekhilta Neziqin* 1: Ein „hebräischer Sklave" braucht seinem Herrn „nicht die Füße zu waschen und nicht die Schuhe zu schließen und keine Utensilien ins Bad zu tragen und nicht an der Hüfte zu stützen, wenn er eine Stufe hinaufsteigt" usw.

5 Im einzelnen handelt es sich um 1,22 (Jesu Geburt: Jesaja 7,14); 2,15 (Flucht nach Ägypten: Hosea 11,1); 2,18 (Kindermord zu Bethlehem: Je-

obwohl – oder vielleicht gerade weil – sie an Ereignissen nicht arm ist, die einem Außenstehenden leicht als rätselhaft und planlos erscheinen mögen, angefangen von der Flucht nach Ägypten (2,15) über die Jugend in Nazareth (2,23) bis hin zu den dreißig Silberlingen des Judas (27,9). In diesen Erfüllungszusammenhang reiht er mit *pleroo* auch Jesu Taufe im Jordan ein. Nur dass in diesem Fall kein Prophetenwort zur Erfüllung kommt, sondern „alle Gerechtigkeit".

Doch gibt es neben 3,15 noch eine weitere Stelle bei Matthäus, an der „erfüllen" und „Gerechtigkeit" miteinander zusammenhängen, wenn auch nicht so unmittelbar wie hier. Es ist die Einleitung zu den Antithesen der Bergpredigt, 5,17–20: In Vers 17 sagt Jesus, dass er nicht gekommen sei, „um Gesetz und Propheten aufzuheben", sondern um sie „zu erfüllen"; ein Erfüllen, das sein messianisches Leben und Leiden ebenso wie seine die Tora vervollkommnende[6] Lehre zu umfassen scheint. In Vers 19 ermahnt er dann die Seinen zur Einhaltung auch der geringfügigsten Vorschriften des Gesetzes, und in Vers 20 schließlich fordert er von ihnen eine „Gerechtigkeit", die „die der Schriftgelehrten und Pharisäer *bei weitem übersteigt*", da sie sonst nicht in das Himmelreich hineinkämen.

Wahre, heilvolle Gerechtigkeit – Gerechtigkeit, nach der man hungern und dürsten, ja für die man Ablehnung und Verfolgung auf sich nehmen soll (5,6.10) – ist demnach etwas, was gewohnte menschliche Maßstäbe sprengt. Ein markantes Beispiel gibt der

remia 31,15); 2,23 (Nazareth: Quelle unsicher; Richter 13,5?); 4,14 (Galiläa: Jesaja 8,23–9,1); 8,17 (Krankenheilungen: Jesaja 53,4); 12,17 (Schweigegebote: Jesaja 42,1–4.9); 13,14 (Verstockung: Jesaja 6,9–10); 13,35 (Predigt in Gleichnissen: Psalm 78,2); 21,5 (Einzug in Jerusalem: Sacharja 9,9); 27,9 (dreißig Silberlinge: Sacharja 11,13). Bei den Zitaten in 2,6 (Bethlehem: Micha 5,1) und 3,3 (Stimme in der Wüste: Jesaja 40,3) fehlt die Erfüllungsformel, vermutlich weil an diesen Stellen nicht der Evangelist als Kommentator, sondern Personen der Erzählhandlung (Schriftgelehrte und Johannes der Täufer) die Schrift zitieren. Bei seiner Verhaftung spricht Jesus von der Erfüllung der Schrift, ohne bestimmte Stellen zu nennen (26,54.56).

6   In etwa vergleichbar ist hier der Sprachgebrauch der frühen Rabbinen, die mit *qajjem,* „aufrechterhalten, erfüllen, bestätigen" die Bewahrheitung des Bibeltextes durch seine angemessene Auslegung bezeichnen.

etwa Weinbergbesitzer im Gleichnis, dessen eingangs angekündigte „gerechte" Bezahlung (20,4) sich am Ende als voller Lohn auch für die Schwächsten herausstellt. Und ähnlich denkt auch Paulus, wenn er die Gerechtigkeit Gottes provokanterweise gerade darin erkennt, dass Gott den Frevlern um ihres Glaubens willen Freispruch gewährt (Römer 3,26; 4,5).

In Jesu Antwort an den Täufer scheint dieser Gedanke einer sich über alles menschliche Maß hinwegsetzenden Gerechtigkeit ebenfalls zugrunde zu liegen. So nämlich wird der Sinn der Rede klar: Das Argument des Johannes mag nachvollziehbar sein, hat aber kein Gewicht. Was gilt, ist ein höherer, göttlicher Maßstab, der dem Messias mehr und anderes zumutet, als was sein Wegbereiter mit Recht von ihm erwarten zu dürfen meint. Deshalb unterwirft sich Jesus dem Demutsritual des Eintauchens im Jordan, und darum soll sich auch Johannes in die Rolle fügen, die ihm in diesem göttlichen Plan zugedacht ist.[7] Übrigens ist dies das erste Mal bei Matthäus, dass Jesus persönlich das Wort ergreift. Möglich, dass der Evangelist damit ein Vorzeichen setzen will, unter dem auch die weitere Lebensgeschichte des Messias gelesen werden soll. Andere, auch schmerzlichere Stationen der Niedrigkeit werden jedenfalls noch folgen.

Von Sünde, Buße und Vergebung ist in dem Dialog zwischen Johannes und Jesus nicht die Rede. Das heißt allerdings nicht, dass Matthäus – anders als die Verfasser des Johannes- und jenes fragmentarischen judenchristlichen Evangeliums – die überlieferte Täufererzählung in diesen Punkten als unproblematisch empfunden hätte. Er hat an anderer Stelle eingegriffen: Die Wendung „Taufe der Umkehr zur Vergebung der Sünden", mit der Markus 1,4 die Verkündigung des Johannes zusammenfasst, entfällt in Matthäus 3,2; stattdessen verkündet der Täufer hier – mit gleichen Worten wie später Jesus (4,17), den inneren Zusammenhang ihrer beider Missionen unterstreichend –: „Kehrt um, denn das Himmelreich ist nahe!" Bußpredigt ist selbstverständlich auch dies, und dem entspricht, dass die, die sich daraufhin taufen lassen, ein Sündenbekenntnis ablegen (3,6). Nur so hat ja anschließend der Protest

---

7 Vgl. die luzide Auslegung von 3,15 bei R. Deines, Die Gerechtigkeit der Tora im Reich des Messias. Mt 5,13–20 als Schlüsseltext matthäischer Theologie, WUNT 177, Tübingen 2004, 127–132.

des Täufers gegen das Ansinnen Jesu eine Grundlage. Was Matthäus aber mit dieser Korrektur am Text des Markus vermeidet, ist der Eindruck, dass das Tauchbad im Jordan, über Bekenntnis und Buße hinausgehend, auch bereits wirksam die Vergebung vermittelt hätte.[8] Wie wichtig dies dem Evangelisten gewesen sein muss, lässt sich daran ablesen, dass er die in 3,2 ausgelassene Wendung „zur Vergebung der Sünden" an anderer Stelle in den Markus-Text wieder einbaut, nämlich im Kelchwort der Abendmahlserzählung, das er sonst ohne wesentliche Veränderungen von Markus übernimmt:

Und nachdem er den Becher genommen und gedankt hatte, gab er ihn ihnen und sprach: „Trinkt alle daraus, denn dies ist mein Blut des Bundes, das für viele vergossen wird *zur Vergebung der Sünden.*" (26,27–28)

Geht man die – gar nicht wenigen – Stellen durch, an denen das Matthäusevangelium sonst noch von Sündenvergebung handelt,[9] begreift man den Grund für diese Verschiebung: Nach Auffassung des Evangelisten ist der Ort, an dem Vergebung geschieht, die Gemeinschaft der Jüngerinnen und Jünger. Hier wird sie von Gott empfangen, hier wird sie den Geschwistern gewährt, und Matthäus wird nicht müde zu betonen, dass empfangene und gewährte Vergebung einander bedingen und untrennbar zusammengehören (6,12; 6,14–15; 18,23–35). Die Vorstellung, dass auch die Jordantaufe des Johannes Vergebung schaffen könnte, passt nicht in dieses Konzept.

Nun ist allerdings in der Gemeinde der Jüngerinnen und Jünger ebenfalls eine Taufe in Brauch. Wie verhält sie sich zur Jordantaufe des Johannes?

Die Taufe des Johannes und die christliche Taufe

Aus historischer Sicht liegen die Dinge recht eindeutig: Das Jordanritual des Johannes liefert im Rahmen der antiken Religionsgeschichte nicht nur die engste Analogie zur christlichen Taufe,

---

8 Auch wenn es die Formulierung in Markus 1,4 streng genommen offen lässt, ob es die Taufe oder nicht vielmehr doch die Umkehr ist, die die Sündenvergebung bewirkt.
9 6,12.14–15; 9,2.5–6; 12,31–32; 18,21.27.32.35.

sondern war nach aller Wahrscheinlichkeit auch das Vorbild und die Grundlage, aus der sich das christliche Initiationsritual, wie es an ganz verschiedenen Stellen im Neuen Testament in Erscheinung tritt, herausgebildet hat. Alle sonstigen in Betracht kommenden Herleitungen haben bedeutend weniger für sich:

a) Die Tauchbäder der Qumrangemeinde, die nicht nur der kultischen Reinigung, sondern zugleich auch der Beseitigung von Sündenschuld dienten, gehen darin zwar über die im alttestamentlichen Gesetz vorgesehen Waschungsriten entscheidend hinaus und könnten insofern die Taufpraxis des Johannes, dessen Wirkungsstätte ja nicht allzu weit von Qumran entfernt lag, mit beeinflusst haben. Doch wurden sie erstens durch Selbstuntertauchung vollzogen und zweitens wegen der steten Gefahr neuerlicher Verunreinigungen bis zu mehreren Malen täglich wiederholt, was sie von der christlichen ebenso wie von der Johannestaufe grundlegend unterscheidet.[10]

b) Das Tauchbad, mit dem schon seit antiker der Übertritt von Proselytinnen und Proselyten zum Judentum besiegelt wird, hat mit der christlichen Taufe den Charakter des Initiationsrituals gemeinsam. Es dient aber nur der kultischen Reinigung, nicht der Sündentilgung,[11] es geschieht ebenfalls durch Selbstuntertauchung, und es ist literarisch erst im Talmud und damit so spät belegt, dass es wahrscheinlich eher durch die christliche Taufpraxis beeinflusst sein dürfte als umgekehrt.

c) Berührungen besonders mit dem paulinischen Taufverständnis (vgl. Römer 6,3–4) hat man außerdem in antiken Beschreibungen verschiedener paganer Mysterienriten, etwa im Isis- und im Mithras-Kult, entdeckt. Aber auch hier sind die einschlägigen Belege so späten Datums und überdies in ihrem theologischen Gehalt so schwer greifbar, dass man über religionsgeschichtliche

---

10 Die wichtigsten Belege finden sich bei Flavius Josephus, *De Bello Judaico* 2,128–131, und in der qumranischen *Gemeinderegel*, 1QS II,25–III,12.
11 Dass nach *Talmud Bavli*, Traktat *Jevamot* 48b, der Proselyt vor Gott als „neugeborenes Kind" gilt, ist Folge seiner Konversion, nicht seines Tauchbads.

Zusammenhänge mit den Anfängen der christlichen Taufpraxis nur spekulieren kann.[12]

Mit der Johannestaufe hingegen hat das christliche Taufritual gemeinsam, dass beide auf Sündenvergebung zielen, durch einen Täufer vollzogen werden und nicht auf Wiederholung angelegt sind.[13] Die Unterschiede – die sich auf den ersten Blick nicht minder gewichtig ausnehmen – lassen sich leicht von daher erklären, dass das von Johannes übernommene Ritual im Zuge der ältesten christlichen Mission eine Reihe von mehr oder weniger naheliegenden Weiterentwicklungen erfuhr: So wurde die christliche Taufe nach Apostelgeschichte 2,38 „auf den Namen Jesu Christi" und nach Matthäus 28,19 „auf den Namen des Vaters und des Sohnes und des heiligen Geistes" gespendet. Sie führte nach 1. Korinther 12,13 zur Eingliederung in den „Leib Christi" (12,27), das heißt, in die christliche Gemeinde. Sie vermittelte nach Römer 6,3–11 und Kolosser 2,12 Anteil an Christi Tod und Auferstehung. Wer mit ihr getauft wurde, empfing nach 1. Korinther 6,11, Titus 3,5 und anderen Stellen zugleich auch den heiligen Geist. Bei der Johannestaufe gab es davon noch nichts. Von einer künftigen Geisttaufe hatte Johannes seine Wassertaufe sogar ausdrücklich unterschieden.

Die Entwicklung lässt sich recht gut anhand einiger Erzählungen der Apostelgeschichte nachvollziehen, in denen die Taufe noch auffällig anders vollzogen wird, als es dem Verfasser als christliche Standardpraxis vorschwebt:[14] Über Cornelius und die Seinen kommt der heilige Geist spontan bereits vor der Taufe (10,40–44). Die von Philippus getauften Samaritaner empfangen den Geist zunächst gar nicht, er wird ihnen erst bei einem Besuch der Apostel Petrus und Johannes nachgereicht (8,14–17). Für den äthiopischen Schatzmeister bedeutet die Taufe, anders als für Cornelius oder

---

12 So das Ergebnis der detaillierten Untersuchung von A.J.M. Wedderburn, Baptism and Resurrection. Studies in Pauline theology against its Graeco-Roman background, WUNT 44, Tübingen 1987.

13 Auch wenn es in Ausnahmefällen möglicherweise zu Wiederholungen kommen konnte; vgl. etwa Apostelgeschichte 19,1–7.

14 Zum Folgenden s. F. Avemarie, Die Tauferzählungen der Apostelgeschichte. Theologie und Geschichte, WUNT 139, Tübingen 2002.

später auch Lydia (11,3; 16,15), nicht den Beginn einer christlichen Gemeinschaft, er zieht vielmehr fröhlich seines Wegs, während Philippus, der ihn getauft hat, gleich darauf vom Geist nach Asdod versetzt wird. In Ephesus schließlich taucht eine Gruppe von „Jüngern" auf, die nicht nur den Geist nicht empfangen haben, sondern auch lediglich mit der „Taufe des Johannes" getauft sind,[15] weshalb ihnen Paulus nicht nur durch Handauflegung den Geist verleiht, sondern sie zuvor auch noch auf den Namen Jesu tauft (19,1–7).

Am einfachsten lassen sich diese merkwürdigen Ausnahmefälle damit erklären, dass die Apostelgeschichte an diesen Stellen Reflexe einer historischen Entwicklung eingefangen hat. Zu Anfang, so darf man annehmen, war die christliche Taufe nicht anders als die Johannestaufe nur ein Bekehrungsritual zur Sündenvergebung. Das, was sie von der Johannestaufe unterscheidet, wuchs ihr erst im Laufe der Jahre und Jahrzehnte hinzu: der Vollzug auf den Namen Jesu, der Empfang des heiligen Geistes und die Funktion eines gemeinschaftsstiftenden Aufnahmerituals, in welcher zeitlichen Reihenfolge auch immer.

Eine solche allmähliche Entwicklung könnte auch erklären, weshalb das Neue Testament keine Hinweise darauf gibt, dass Petrus, Andreas oder andere aus dem ältesten Apostelkreis eine christliche Taufe empfangen hätten. Viele von ihnen waren vermutlich wie Jesus selbst noch in vorösterlicher Zeit von Johannes getauft worden,[16] und nach Ostern kam es offenbar niemandem in den Sinn, dies als ungenügend zu empfinden.[17]

Nun wurden allerdings die Evangelien und die Apostelgeschichte zu einer Zeit geschrieben, als diese Entwicklung im wesentlichen zum Abschluss gekommen war. In den Augen ihrer Verfasser waren

---

15 Manche haben deshalb vermutet, dass hier nicht christliche, sondern Johannesjünger gemeint seien. Dagegen spricht allerdings, dass das lukanische Doppelwerk sonst die Jünger des Johannes von denen Jesu klar unterscheidet (vgl. Lukas 5,33; 7,18; 11,1).

16 Nach Johannes 1,35–42 hatten einige der Anhänger Jesu früher sogar zum Jüngerkreis des Johannes gehört – gut möglich, dass sich hierin zuverlässige historische Erinnerung niedergeschlagen hat.

17 Erst später sah man darin ein Problem. So überliefert Clemens von Alexandrien, die Apostel hätten reihum einer den anderen getauft, wobei Jesus den Anfang gemacht habe (*Hypotyposen,* Fragment 5).

die Johannes- und die christliche Taufe bereits klar voneinander unterschieden. Wie haben sie die beiden Rituale zueinander ins Verhältnis gesetzt?

Lukas, der in seiner Apostelgeschichte jene Erinnerungen an die uneinheitliche Taufpraxis der Frühzeit bewahrt hat, hatte damit offensichtlich keine Probleme. Für ihn, der sich als Historiker betrachtete, war es selbstverständlich, dass die Wirklichkeit oft nicht so war, wie sie hätte sein sollen. Und was das christliche Initiationsritual betraf, gab es ja nicht nur diese eigenartigen Fälle von unvollständigen Taufen; es ließ sich vielmehr auch davon berichten, wie der Mangel jeweils behoben worden war: in Samarien durch geistvermittelnde Handauflegung, in Ephesus obendrein durch Nachholung der Taufe auf den Namen Jesu; und war jemand nicht richtig über die christliche Taufe informiert, konnte man ihn belehren, wie etwa den feurigen Prediger und Bibelkenner Apollos (18,24–26). Irritiert scheint Lukas lediglich davon gewesen zu sein, dass ihm keine Nachrichten von einer Taufe der ältesten Apostel überkommen waren. Er löst das Problem, indem er das Pfingstwunder – und nur dieses – als „Taufe *mit heiligem Geist*" bezeichnet (1,5; 11,16) und das Herniederbrausen des Geistes wie mit Flammenzungen (2,2–4) als die Erfüllung des Täuferwortes von der Geist- und Feuertaufe des kommenden Stärkeren (Lukas 3,16) darstellt.

Das Markusevangelium schlägt zwischen der Johannestaufe und dem christlichen Ritus eine Brücke, indem es die Geschichte von der Taufe *Jesu* mit Zügen ausstattet, die von der späteren christlichen Praxis inspiriert sind (1,9–11): Erstens empfängt Jesus bei seiner Taufe den heiligen Geist. Zweitens steht die Taufe am Anfang seines messianischem Wirkens und hat insofern den Charakter einer Initiation (wenn auch in einem etwas anderen Sinne als bei den Bekehrungstaufen der frühchristlichen Mission). Und drittens wird er bei Initiation und Geistempfang als Gottes Sohn proklamiert, was der bei Paulus belegten Überzeugung entspricht, dass die Gotteskindschaft der Gläubigen durch den Geist bezeugt wird, der sie laut „Abba, Vater!" rufen lässt (Römer 8,15; Galater 4,6). Jesu Taufe durch Johannes – und damit indirekt auch das johanneische Ritual selbst – wird damit zu einem Urmodell der christlichen Taufpraxis.[18] Sie wird in Jesu Leben verankert, ohne dass der Evangelist von einem ausdrücklichen Taufbefehl berichten müsste.[19] Einen Taufbefehl bietet aber das Matthäusevangelium. Er ist Teil des Missionsauftrags, mit dem der Auferstandene die Seinen am Ende seiner bleibenden Gegenwart versichert: „Mir ist alle Macht im Himmel und auf Erden gegeben; geht also hin und macht alle Völker zu Jüngern! Tauft sie auf den Namen des Vaters und des Sohnes und des heiligen Geistes und lehrt sie alles zu halten, was ich euch geboten habe!" (28,18–19). Der Ursprung der christlichen Taufe wird damit ganz in die nachösterliche Zeit verlegt und konsequent von der Johannestaufe abgelöst. Nachdem Matthäus in Kapitel 3 bereits die Vorstellung von einer Vergebungswirksamkeit der Johannestaufe eliminiert hatte, begrenzt er nun also auch ihre geschichtliche Bedeutung auf eine entlegene Vergangenheit; aus seiner Sicht hat sie mit der christlichen Gegenwart nichts zu tun. Die Sprache allerdings verrät auch jetzt noch den historischen Zusammenhang: Das Verb „taufen", *baptizo*, ist nach wie vor dasselbe.[20]

---

18 Ätiologisch verstand die Taufe Jesu später übrigens auch Ignatius von Antiochien: Jesus habe sich taufen lassen, „damit er durch das Leiden das Wasser reinige" (*An die Epheser* 18,2).

19 Der in Luthers Kleiner Katechismus aufgenommene Vers 16,16 gehört zum sekundären Markus-Schluss.

20 Erst das Johannesevangelium erweckt den Anschein, als sei das Verb verzichtbar, wenn es in 3,5 von einem „Geborenwerden aus Wasser und Geist" spricht. Gleichzeitig heißt es in Johannes 3,22.26 aber auch, dass Jesus selber „getauft" habe, wenngleich umstritten ist, ob das Evangelium damit eine Ätiologie der christlichen Taufe liefern will oder nicht.

Gottesdienst und Predigt
Mt 3,13–17

Hans-Helmar Auel

Predigt

1

Langsam fließt er dahin in dieser tiefsten Senke der Erde, die menschliche Füße betreten können. Zweihundert bis vierhundert Meter unterhalb des Meeresspiegels durchströmt er Kulturland und Wüste, bis er ins Tote Meer mündet. Der Jordan. In einem Augenblick der Zeitenläufe kreuzen sich hier die Wege zweier Männer. Johannes der eine, der andere ist Jesus. Es ist, als halte die Welt den Atem an. Dieser Atemhauch aber wird die Welt beseelen bis auf den heutigen Tag. Es gibt in der Welt heilige Zeiten. Diesem Augenblick wohnt die Heiligkeit Gottes inne.

Erinnerungen werden geweckt an einen anderen Augenblick. Vor langer Zeit standen auch zwei Männer am Ufer des Jordan. Von Bethel, der Stadt in den Bergen, hatten sie ihren Weg hinunter zum Fluss genommen. Dieser Weg von der Höhe in die Tiefe wird ihnen zum Gleichnis des Leidensweges bis zum Tode. Innehalten musst du und weitergehen. Du willst dem Schicksal wehren und musst es doch zulassen und annehmen. Von Gott lässt du dich begleiten und führen auch dorthin, wohin du nicht willst (2 Kön 2).

Da stehen sie nun, Elia und Elisa, Prophet und Schüler, und der Übergang über den Jordan ist wie das Überschreiten der Grenze, die Leben und Tod trennt. Über den Jordan gehen, so sagen wir noch heuten, wenn ein Mensch gestorben ist.

Elia überschreitet die Grenze, fährt im Feuerwagen gen Himmel und lässt Elisa mit dem Geheimnis zurück, er hätte Anteil an seinem Geist, verstünde er nur das Geschehene. Seinen Mantel hinterlässt er Elisa. Den darf er mitnehmen zurück ins Leben, als bräuchte der trauernde Mensch Schutz und bergende Wärme, um nun alleine weiterwandern zu können. Und Elia, wird er je wiederkommen? Ist er doch neben Henoch der einzige, von dem das Alte

Testament eine Entrückung, eine Himmelfahrt zu erzählen weiß. Den Tod aber haben sie nicht erleiden müssen.

2

Die Erinnerung verschwebt. Wieder stehen zwei Männer am Jordan. Aus dem Hügelland von Galiläa ist Jesus zu Johannes hinabgezogen. Er hat ihn gesucht und hier am Jordan gefunden. Manchmal laufen im Leben alle Dinge auf einen Punkt zu und verdichten sich zu tiefem Erleben. Von diesen Knotenpunkten gibt es nicht viele in eines Menschen Leben. Um so wichtiger ist es, sie bis in die Tiefe zu begehen.

Da steht er nun, der Priestersohn Johannes. Schon sein Name ist wie ein Versprechen: Johannes – Gott ist gnädig. Das ist der Urgrund, auf dem er steht. Von diesem Standpunkt aus spricht er Worte, die voller Feuer sind, wie Axtschläge, welche die Luft und den Halt nehmen. Zu ihm kommen alle, die längst nach Luft und Halt im Leben suchen und jetzt gefunden haben: Gott ist gnädig. Hinter all den Kehren, die wir im Leben machen, schimmert die Erkenntnis auf, dass es der Umkehr bedarf, um zu entdecken, was es heißt, dass Gott gnädig ist.

Nehmen unsere Ohren und unser Herz die Worte des Propheten auf und ertragen sie, dann fallen unsere Augen auf ihn und sehen einen Mann der Wüste. Seine Nahrung ist die der Wüste: Heuschrecken und wilder Honig. Wer die Todeszone des Lebens kennt, der weiß, was er zum Überleben braucht und was er als hinderlich lassen kann. Wer die kargen Zeiten des Lebens durchmaß, der weiß, was zehrt und was nährt. Ein Mantel aus Kamelhaar hüllt seinen Körper ein. Der kühlt und wärmt und schützt zugleich vor Kälte und Hitze. Trägt er nun den Mantel des Elia? Ist er etwa der Elia, der wiederkam vom Himmel, in den er entrückt war, auf die Erde, lange erwartet, lange erhofft? Wird ihn nicht Jesus später selbst so nennen (Mt 11,14).

Da steht er nun, hat die Menschen mit seinen Worten bis an die Grenze geführt, von der es nur Umkehr und Wiederkehr gibt – oder den Tod. Und dann, dann tauft er sie. Er ist der erste, der zu diesem einmaligen Tauchbad führt. Was sich in Menschen nach langem Suchen zu ihrem Wunsch und Willen formte, den Wüsten des Lebens den Rücken zu kehren und sich allein von der Gnade Gottes bergen zu lassen, verdichtet sich in der Taufe zur Begegnung von Himmel und Erde. Das Erhoffte wird zur spürbaren Wirklichkeit: Gott ist gnädig.

3

Da steht er nun. Verhallt sind seine Worte, dem namenlosen Propheten entnommen, den wir den Zweiten Jesaja nennen: Er ist der Wegbereiter in der Wüste, der Rufer. Auf einmal ist es so, als kehrten seine Worte zu ihm zurück in Gestalt eines Mannes aus Galiläa. Sich selbst sieht er mit Wasser taufen, dem Element der Reinheit und des Lebens. Von Jesus erhofft er eine Feuertaufe. Das Feuer des Geistes wird den Geist läutern und die dunklen Wege des Lebens erhellen. Es wird die Schlacke vom wahren Kern trennen und freilegen, was so tief verborgen ist. Anstecken wird es und ansteckend wirkt es.

Da steht nun Jesus bei ihm. Auch sein Name ist wie ein Versprechen: Jehoschua – Gott rettet. Oder: Gott ist großzügig. So tragen beide den Namen Gottes in die Welt und werden in der Welt von Gott getragen. Und sie hören beide auf Gott.

Dem zögernden Johannes gibt Jesus Vertrauen. In diesem Augenblick sind im Evangelium des Matthäus die ersten Worte von Jesus zu hören: „Lass es jetzt geschehen. Denn so ziemt es uns, zu erfüllen alle Gerechtigkeit!"

4

Immer wieder werden wir im ersten Evangelium diesen Worten begegnen, manchmal abgewandelt, bisweilen verkürzt. Sie sind wie die Überschrift für alles, was es nun zu berichten gilt. Jesus beschreitet einen Weg. Es ist der Weg der Gerechtigkeit. In seinem Namen wird deutlich, wer ihn auf diesem Weg umhüllt: Gott rettet. Das wird auf den Höhen und in den Tiefen seines Lebens spürbar. Dieser Weg der Gerechtigkeit beginnt mit der Taufe durch Johannes. Das Taufwasser des Lebens durchfließt das Evangelium bis zu den letzten Worten: „Gehet hin und taufet!" Nicht in der

Johannestaufe besteht alle Gerechtigkeit, aber sie gehört dazu. Deshalb muss sie jetzt geschehen.

5

Doch da schimmert durch die Worte noch eine andere Wahrheit: Wenn du mich taufst und ich mich taufen lasse, dann erfüllen wir den Willen Gottes. So werden wir beide gehorsam, weil wir auf den Willen Gottes hören. Uns ist diese Vorstellung vom Gehorsam manchmal fremd. Es lohnt sich aber, dem nachzugehen, wem wir alle gehorsam sind, auf wen wir alles im Leben hören.

Mit Jesus und Johannes stellt uns Matthäus zwei Menschen vor Augen, die auf Gott hören, ihm vertrauen und ihm folgen. Das ist gemeint, wenn wir davon reden, Gott gehorsam zu sein. Immer wieder wird der erste Evangelist diese Melodie anstimmen und uns zeigen, dass auf dem Weg der Gerechtigkeit Kreuzungen und Kreuzigungen warten, wo das Hören auf Gott zur Last und zum Leid werden kann. Dann werden Menschen sagen: Ist dieser Jesus nicht der Elia, dessen Lebenskampf und Leidensstraße wir kennen? Ist er nicht der Prophet Jeremia, der unter seinem Gehorsam litt bis zum Gehtnichtmehr? Hat er nicht am Kreuz nach dem Elia gerufen? Aber die Kleider, die Jesus zurück lässt, die werden sie zerteilen und das Los über ihnen werfen.

6

Dann taucht er in das Wasser des Jordan, und als er auftaucht, da ist es, als würde die Geburt wiederholt. Aus dem Fruchtwasser herausgepresst, den bergenden Raum der Mutter verlassend, die Todesängste des Geborenwerdens erfühlend, taucht er auf in die Welt, die schon da war und doch jetzt anders geworden ist. In diesem Augenblick berühren sich Himmel und Erde und über die Brücke der Ewigkeit schwebt der Geist Gottes in unsere Zeit, wie eine Taube anmutig und still zu schweben vermag. Es ist wie das verschwebende Schweigen, in dem sich Gott einst dem Elia näherte. Dieser eine Augenblick der Zärtlichkeit und Anmut wird all das im Leben Ersehnte zur Erfüllung bringen. Eine Kraft wird aufsteigen in der suchenden Seele und ihr einen Blick öffnen in ungeahnte Welten bis in den Himmel. Angefüllt wird alles von der Stimme Gottes: „Das ist mein lieber Sohn!"

Ein Ausmaß der Zuneigung umhüllt den getauften Jesus. Verhieß sein Name die Großzügigkeit Gottes und dass Gott der Retter ist, so verheißt dieser Augenblick eine Zärtlichkeit Gottes, von der wir nur zu träumen vermögen. Das ist die Antwort, die Gott auf Jesu Gehorsam gibt. Es ist die zärtlichste Antwort, zu der ein Vater fähig ist. Sie strahlt durch Jesus hindurch auf die Menschen, die Gott hören und seinem Willen folgen. Sie werden Gottes Kinder heißen (Mt 5,9).

7

Aber nichts ist im Leben von bleibender Dauer. Wir können keine Hütten bauen, um in der Nähe und Geborgenheit Gottes zu verweilen. Wir müssen weiter, aber wir tragen in uns, dass Gott uns angerührt hat. Das gibt Vertrauen, auch auf den unbekannten Pfaden des Lebens weiterzuziehen.

So nimmt Johannes seinen Mantel und macht sich auf den Weg, der ihn in das Verlies des Königs auf der Feste Machärus am Toten Meer führt. Dort werden sie ihn buchstäblich mundtot machen. Er, der sein Haupt bis zum Himmel reckte, um Stimme Gottes zu sein, wird sein Haupt verlieren. Einer Laune folgend lässt ihn der König köpfen. Aber der Geist lässt sich nicht enthaupten. Sein Ruf nach Umkehr hallt in unserem Leben wider, wenn wir an unseren Lebenskreuzungen nach Gott suchen.

Auch Jesus nimmt seinen Mantel und macht sich auf dorthin, woher Johannes kam: Er geht in die Wüste. In seinem Herzen trägt er die Stimme Gottes: Mein geliebter Sohn! So gestärkt kann er sich in der Wüste all den betörenden Stimmen stellen, die in ihm reden. Wieder wird er unter ihnen die Stimme Gottes erkennen, auf sie hören und ihr folgen. Aber er wird dem Versucher begegnen und dabei feststellen, welch wärmenden und glanzvollen Mantel der verheißt. Und er wird erleben, dass auch der Teufel mit der Bibel argumentiert.

Gottesdienst

Sonntag nach Epiphanias I

Psalm 100 / 89

Bittruf

Siehe, das ist Gottes Lamm, das der Welt Sünde trägt (Joh 1,29), denn Gott erbarmt sich unser.

Lobpreis

Wisst ihr nicht, dass alle, die wir auf Christus Jesus getauft sind, die sind in seinen Tod getauft? So sind wir ja mit ihm begraben durch die Taufe in den Tod, damit, wie Christus auferweckt ist von den Toten durch die Herrlichkeit des Vaters, auch wir in einem neuen Leben wandeln (Röm 6,3.4). Deshalb lobsingen wir Gott mit allen Christen auf Erden, mit allen toten unten in der Erde, mit allen Zukünftigen, die noch getauft werden, und mit allen Engeln in den Himmeln.

Kollektengebet

Mein treuer Gott, auf deiner Seite bleibt dieser Bund wohl feste stehn; wenn aber ich ihn überschreite, so lass mich nicht verloren gehen; nimm mich, dein Kind, zu Gnaden an, wenn ich hab einen Fall getan (EG 200,4).

Lesungen

Röm 12,1–3
Jesaja 42,1–4

Gebet

Allmächtiger Gott, Worte der Zärtlichkeit dringen in unsere Ohren: Mein geliebter Sohn. Wir mögen dem Gehörten kaum trauen, weil wir dir oft genug im Leben solche Worte nicht zutrauen, sie oft auch vermissen. Doch öffnen sie neue Welten, berühren Herz und Seele, lassen aufklingen, was schon tonlos geworden ist. Diese Worte tragen, tragen hoffentlich auch auf schweren Wegstrecken, wenn wir nach dir

rufen und du schweigst. Mögen aus der Stille diese lebens-
spendenden Worte aufsteigen und verzagten Herzen Halt
geben. Mögen sie der Vergessenheit dann entrissen werden,
wenn uns nichts mehr verlässlich erscheint. Mögen auch wir
deine geliebten Kinder sein selbst dann noch, wenn wir uns
verlaufen haben. Amen.

LIEDER

O lieber Herre Christ (EG 68)
Du höchstes Licht, du ewger Schein (EG 441)
Jesus ist kommen (EG 66)
Christ, unser Herr, zum Jordan kam (EG 202)

Der Weinbergbesitzer und seine Tagelöhner (Mt 20,1–16)

Andreas Lindemann

Mt 20,1–16 im Kontext des Evangeliums

Die zum Sondergut des Matthäusevangeliums gehörende Gleichniserzählung trägt in der Regel die Bezeichnung „Parabel von den Arbeitern im Weinberg"; da aber im Mittelpunkt das Handeln des Weinbergbesitzers steht, mag die oben gewählte Bezeichnung näher liegen.[1] Der Evangelist hat das – sicherlich nicht von ihm selber geschaffene – Gleichnis in den von ihm aus Mk 10 übernommenen Zusammenhang in Mt 19–20 eingeschoben: Es folgt auf die Gesprächsszene über Reichtum und Nachfolge („reicher Jüngling", Mt 19,16–30, entsprechend Mk 10,17–31; Mt 19,30 stimmt nahezu wörtlich mit Mk 10,31 überein) und geht der dritten Leidensankündigung voraus (Mt 20,17ff entspricht Mk 10,32ff). Die Gleichniserzählung soll offensichtlich als Explikation des Logions 19,30 verstanden werden, wie das erläuternde *gar* („nämlich") in der Einleitung 20,1a zeigt; und um das zu unterstreichen, nimmt der Evangelist das Logion von 19,30 leicht verändert in 20,16 nochmals auf: „So werden die Letzten Erste sein und die Ersten Letzte." Ohne V. 16 und ohne das *gar* in V. 1a wird aber klar, dass die Gleichniserzählung ursprünglich ein anderes Ziel verfolgt: Thema ist nicht, dass die als „Letzte" eingestellten Arbeiter als „Erste" ihren Lohn erhalten (und umgekehrt), sondern Thema ist, dass jemand zu unterschiedlichen Zeiten Arbeiter einstellt und dann ungeachtet ihrer unterschiedlichen Arbeitszeit allen denselben Lohn auszahlt; dieses Geschehen wird durch die Einleitung in V. 1a mit dem „Himmelreich" in Beziehung gesetzt.

---

[1] J. Jeremias, Die Gleichnisse Jesu, Göttingen [7]1965, 136 nennt es das „Gleichnis vom gütigen Arbeitsherrn".

Zur Erzählstruktur: Personen, Orte und Zeitablauf

Die entscheidende *Person* der erzählten Handlung ist ein zunächst als „Gutsherr" *(anthrōpos oikodespotēs)*, dann als „Herr des Weinbergs" *(kyrios tou ampelōnos)* bezeichneter Weinbergbesitzer; sein Handeln und Reden zieht sich von V. 1b an durch die ganze Parabel durch bis zum Ende in V. 15. Die zahlreichen weiteren Personen, die alle diesem Gutsherrn zugeordnet sind, bilden insgesamt sechs Gruppen. Ausführlich wird von denen gesprochen, die schon „früh am Morgen" als Lohnarbeiter eingestellt wurden (zuerst in V. 2, dann in V. 10–15); weniger eingehend ist von denen die Rede, die erst in der elften Stunde eingestellt wurden (V. 6–7, dann V. 9). Demgegenüber sind die Arbeiter der dritten Stunde (V. 3–4) und vor allem die Arbeiter der sechsten und der neunten Stunde (V. 5b) reine Nebenfiguren; von ihnen wird im Schlussteil der erzählten Handlung gar nicht mehr gesprochen.[2] In V. 8 wird überdies der Verwalter *(epitropos)* erwähnt; er erhält zwar die Anweisung zur Lohnauszahlung, er tritt dann aber gar nicht als handelnde Person auf.

Nach *Zeit und Ort* ist die erzählte Handlung differenziert gegliedert, im wesentlichen aber zweigeteilt: In V. 1b–7 agiert der Gutsherr in seiner Beziehung zu Menschen, denen er zu verschiedenen Tageszeiten Arbeitsmöglichkeiten anbietet. Ort des Geschehens ist der in V. 3 ausdrücklich genannte Markt *(agora)*; dass sich der Weinbergbesitzer in der Zwischenzeit jeweils in seinem Weinberg aufhält, ist wohl vorausgesetzt, es wird aber nicht gesagt. Mit V. 8 wechselt der Schauplatz: Zwar wird jetzt kein Ort genannt, aber durch die Einführung einer weiteren Person („Verwalter") und durch die zeitlich gestreckte Lohnauszahlung (V. 8b) wird klar, dass das in V. 8–15 erzählte Geschehen in dem Weinberg spielt, in dem die Arbeiter bis dahin gearbeitet hatten.[3]

---

2 R. Bultmann, Die Geschichte der synoptischen Tradition (FRLANT 29), Göttingen [10]1995, 205: „In der Parabel vom gleichen Lohn für ungleiche Arbeit treten fünf Gruppen von Arbeitern auf; nur auf die erste und die letzte kommt es an, aber der krasse Gegensatz der Extreme muß durch Übergänge vermittelt werden; die Unwahrscheinlichkeit der Geschichte wäre sonst zu kraß."

3 W. Harnisch, Die Gleichniserzählungen Jesu, 178f spricht von einer „Szenenfolge, die in drei Akten entworfen ist: V. 1b–7 Anwerbung und Einstellung

Auffallend ist der differenzierte Gebrauch des Stilmittels der *wörtlichen Rede*: Im ersten Teil spricht der Weinbergbesitzer erstmals in V. 4 „um die dritte Stunde" zu den in V. 3 erwähnten Menschen, nachdem das in V. 1b.2 geschilderte Geschehen „früh am Morgen" lediglich referierend dargestellt worden war. Zum zweitenmal spricht der Besitzer in V. 6b, und nun kommt es sogar zu einem regelrechten Dialog zwischen ihm und denen, die um die elfte Stunde „untätig" auf dem Markt stehen (V. 7a.b). Der zweite Teil beginnt nach der kurzen Zeitangabe („als es Abend geworden war", V. 8a) mit der vom „Herrn der Weinbergs" an seinen Verwalter in wörtlicher Rede gegebenen Anweisung, er solle in einer genau vorgegebenen Weise die Lohnauszahlung vornehmen (V. 8b). Das findet in V. 9–11 ohne wörtliche Rede statt; allerdings werden in V. 10a die Gedanken der zuerst eingestellten Arbeiter erwähnt, die dann in V. 11 über den Weinbergbesitzer „murren". Anschließend (V. 12) artikulieren sie ihren Unmut in wörtlicher Rede, woraufhin der Gutsherr antwortet, indem er sein Handeln ebenfalls in wörtlicher Rede eingehend rechtfertigt (V. 13–15). V. 16 ist als Kommentar des Erzählers und wohl nicht als abschließendes Wort des Weinbergbesitzers zu verstehen.

Der Gang der erzählten Handlung

Die redaktionell matthäische Einleitung in V. 1a („Die Herrschaft der Himmel ist gleich einem Gutsherrn, der …")[4] erweist den folgenden Text als Parabel; ohne diese Einleitung scheint in V. 1b–15 eine Erzählung vorzuliegen, die ein Geschehen aus der Arbeitswelt schildert: Ein „Gutsbesitzer" machte sich früh am Morgen auf, um

---

der Arbeiter (Situation); V. 8–10 Auszahlung (Krise); V. 11–15 Schlussdialog (Lösung). Aber zwischen V. 10 und V. 11 liegt kein erzählerischer Einschnitt.

4 Der Begriff „Herrschaft der Himmel" begegnet nur bei Matthäus. Die Form der Gleichniseinleitung („… ist gleich einem …") könnte ursprünglich aus der Logienquelle Q stammen (Lk 13,18f/Mt 13,31; Lk 13,21/Mt 13,33), sie wäre vom Evangelisten dann auch bei anderen Gleichnissen verwendet worden (Mt 13,44.45.47). Im Markusevangelium fehlt sie, bei Lukas begegnet sie nur an den beiden genannten Q-Stellen.

Arbeitskräfte für die Arbeit in seinem Weinberg einzustellen; dabei handelt es sich, wie im folgenden klar wird, um Zeitarbeitskräfte, die nur für einen Tag eingestellt werden („Tagelöhner"). Welche Arbeit sie in dem Weinberg verrichten sollen, wird nicht gesagt; derartige Details sind offensichtlich nicht von Interesse. Möglich ist, dass die Hörer bzw. Leser annehmen sollen, der Gutsherr stehe unter einem gewissen Zeitdruck, da ausdrücklich gesagt wird, dass er die Arbeiter schon „gleich am frühen Morgen" benötigt.[5] Da er dazu selber „hinausgeht", könnte mag man folgern, er habe niemanden, dem er diese Aufgabe übertragen könnte. Wahrscheinlich aber sollen die Hörer eher annehmen, dass er die Auswahl der benötigten Arbeiter für wichtig hält und er deshalb die entsprechenden Entscheidungen selber treffen will; später erfährt man ja, dass er einen Verwalter hat (V. 8a).[6] Die Arbeiter werden, wie schon in V. 1 gesagt wird, für ihre Arbeit Lohn erhalten. Fragen kann man, ob die Schilderung des Vorgangs bewußt die Not akuter Arbeitslosigkeit spiegeln soll[7], oder ob in der Welt dieser Erzählung die Arbeit von Tagelöhnern von vornherein als das Normale gilt[8]; die soziale und materielle Stellung der Arbeitsuchenden wird jedenfalls nicht näher bedacht.

Über die Höhe des Arbeitslohns wurde verhandelt (V. 2), aber es wird nur das Ergebnis mitgeteilt: Der Weinbergbesitzer und die Arbeiter haben sich auf den Betrag von einem Denar als Lohn für die Arbeit des Tages geeinigt (V. 2a).[9] Ob das der ohnehin übliche Lohn ist oder ob die Beteiligten in dieser Hinsicht zunächst unter-

---

5 Das Zeitadverb *prōï* meint „bei Tagesanbruch"; vgl. Joh 20,1. Zur Arbeit des Tageslöhners s. C. Hezser, Lohnmetaphorik und Arbeitswelt in Mt 20,1–16. Das Gleichnis von den Arbeitern im Weinberg im Rahmen rabbinischer Lohngleichnisse (NTOA 15), Fribourg und Göttingen 1990, 71–75.

6 Daraus ist aber nicht abzuleiten, dass er ein Großgrundbesitzer ist.

7 So U. Luz, Das Evangelium nach Matthäus (Mt 18–25), EKK I/3, Zürich und Neukirchen-Vluyn 1997, 146.

8 Vgl. etwa Lk 15,17.

9 Zur Verwendung des Verbs *symfōneō* im Zusammenhang wirtschaftlicher Abkommen vgl. O. Betz, Art. *symfōneō*, ThWNT IX, Stuttgart 1973, 297–302 (297,33ff in der griechischen Welt; 301,14ff zu Mt 20,2.13).

schiedliche Vorstellungen hatten, wird nicht gesagt[10]; jedenfalls zeigt die Wendung „er kam mit ihnen überein" *(symfōnōsas meta …)*, dass man nicht an ein einseitiges „Lohndiktat" zu denken braucht. Der vereinbarte Betrag war vermutlich „je nach Saison, Marktlage und Art der Arbeit ein durchschnittlicher bis guter Tageslohn, ein ungewöhnlich großzügiger allerdings sicherlich nicht".[11] Dass der Gutsherr die Vereinbarung mit „den" Arbeitern trifft, zeigt, dass der Erzähler an eine bestimmte Gruppe denkt: Der Gutsherr schickt diejenigen, mit denen er sich über die Bezahlung verständigt hatte, „in seinen Weinberg".[12] Dass sie tatsächlich gehen und dort arbeiten, wird nicht ausdrücklich gesagt, aber es ist natürlich vorausgesetzt; erzählt wird aus der Perspektive des Weinbergbesitzers, der die Arbeiter „schickt".

Als der Weinbergbesitzer „um die dritte Stunde", also etwa drei Stunden nach dem in V.1b.2 geschilderten Geschehen, „hinausgeht" (V.3, vgl. V.1), sieht er „andere" auf dem Marktplatz stehen, die keine Arbeit haben. Warum der Besitzer hinausgegangen war, wird nicht gesagt. Soll man sich vorstellen, dass der Arbeitskräftebedarf größer ist als zunächst angenommen? Dann wäre wohl die Zeit der Erntearbeit vorausgesetzt, und diese Arbeit soll möglichst zügig abgeschlossen werden[13]; aber die Formulierung in V.3 lässt

10   Man kann fragen, ob sich mit dem „einen Denar" die Vorstellung einer konkreten Summe mit einer bestimmten Kaufkraft verbindet, oder ob dieser Betrag nicht lediglich der Einfachheit halber gewählt ist. Zu den besonderen Modalitäten bei der Bezahlung von Tagelöhnern s.A. Ben-David, Talmudische Ökonomie. Die Wirtschaft des jüdischen Palästina zur Zeit der Mischna und des Talmud. Band 1, Hildesheim/New York 1974, 66–69. Der in Mt 20,2 genannte Betrag wird durch talmudische Texte bestätigt (a.a.O.. 376 Anm 338). Neben dem Tageslohn gab es auch Akkordarbeit, die anstrengender war und besser bezahlt wurde.

11   F. Avemarie, Jedem das Seine? Allen das Volle! (Von den Arbeitern im Weinberg). Mt 20,1–16, in: R. Zimmermann u.a. (Hg.), Kompendium der Gleichnisse Jesu, Gütersloh 2007, 466.

12   Die Wendung am Ende von V.1 wird, wenn auch mit leicht verändertem Sinn, am Ende von V.2 wörtlich wiederholt.

13   Vgl. W. Harnisch, Die Gleichniserzählungen Jesu. Eine hermeneutische Einführung (UTB 1343), Göttingen 1985, 179: „Der Bedarf an Tagelöhnern läßt sich oft erst dann kalkulieren, wenn bestimmte Stadien des Erntevorgangs überschaubar werden. Insofern spielt sich die Szene durchaus im Rahmen vorstellbarer Verhältnisse ab."

auch die Möglichkeit zu, dass der Gutsherr ohne eine bestimmte Absicht „hinausgegangen" war.[14] Ob man annehmen soll, diejenigen, die jetzt „auf dem Marktplatz stehen"[15], seien „früh am Morgen" (V. 1) noch nicht dort gewesen, läßt sich kaum sagen; unklar ist auch, ob in dem vom Erzähler verwendeten, also quasi „objektiv" gebrauchten Adjektiv *argos* ein tadelnder Unterton zu hören ist („müßig") oder ob das Wort eher im neutralen Sinn („beschäftigungslos") oder sozialkritisch („arbeitslos") zu verstehen ist. Jedenfalls ist es der Gutsherr, der die Initiative ergreift und zu den Beschäftigungslosen sagt: „Geht auch ihr in den Weinberg." Darin steckt eine erzählerische Leerstelle: Die so Angeredeten können auf der Ebene der erzählten Welt weder das *„auch* ihr" verstehen noch den Hinweis auf den Weinberg, denn an dem in V. 1b.2 dargestellten Vorgang waren sie nicht beteiligt. Aus der Perspektive der Hörer ist die Weisung jedoch klar, insofern V. 4a an V. 1b.2 anknüpft: Es sind ja bereits Arbeiter in den Weinberg geschickt worden, und ihnen sollen nun „auch" die „anderen" folgen. Von einer Lohnabsprache ist jetzt nicht die Rede; vielmehr verspricht der Gutsherr den von ihm Angeredeten, er werde ihnen geben „was gerecht ist". Deren Meinung dazu wird nicht erwähnt, offensichtlich geben sie sich mit der bloßen Ankündigung zufrieden. Aber die Wendung „was gerecht ist" *(dikaion)* spricht dafür, dass man nicht an einen willkürlich festgesetzten Betrag denken soll, sondern an eine Bezahlung, die jedenfalls als „gerecht" anzusehen ist; dabei stellt sich für die Hörer bzw. Leser sofort die Vorstellung ein, dieses „gerecht" werde in einem bestimmten Verhältnis zu dem in V. 2 als Arbeitslohn genannten „einen Denar" stehen. Ausdrücklich wird jetzt gesagt, dass die so Angeredeten „weggehen" (V. 5a), sicherlich in den Weinberg.

Im Unterschied zu dieser recht ausführlichen Darstellung der Ereignisse, die sich „früh am Tage" (V. 1b–2) und „um die dritte Stunde" (V. 3–5a) abgespielt hatten, folgt in V. 5b die sehr knapp formulierte Aussage, „er", also der Weinbergbesitzer, sei „wieder-

---

14 Die von V. 1 („er ging hinaus, um Arbeiter einzustellen") abweichende Formulierung in V. 3 („und als er hinausging") kann bewußt für eine fehlende Absicht sprechen, es kann aber auch verkürzte Redeweise sein.
15 Das „Stehen" muß man vielleicht nicht allzu wörtlich nehmen.

um" (*palin*)[16] hinausgegangen zur sechsten und zur neunten Stunde und habe es „ebenso" gemacht. Offenkundig soll man sich Wiederholungen des in V. 3–5a geschilderten Vorgangs vorstellen: Der Gutsbesitzer sieht Menschen ohne Arbeit auf dem Markt stehen und schickt sie in seinen Weinberg mit der Zusage, ihnen einen gerechten Lohn für ihre Arbeit zu zahlen.[17] Ein Motiv für dieses Verhalten des Gutsherrn wird nicht genannt. Ulrich Luz meint, der Erzähler wolle erreichen, „daß sich seine Hörer über diesen schlecht planenden Bauern wundern"[18]; aber der Vorgang wird eher so geschildert, als handele es sich um eine ohne weiteres vorstellbare Handlungsweise.

In V. 6 erhält die erzählte Handlung einen deutlich veränderten Akzent.[19] Das bisherige Drei-Stunden-Schema wird durch die Zeitangabe „um die elfte Stunde" durchbrochen; der zwölfstündige Arbeitstag ist zwar noch nicht ganz zu Ende, aber es steht kaum noch Arbeitszeit zur Verfügung, bevor die Dunkelheit hereinbricht.[20] V. 6a entspricht zwar zunächst im wesentlichen V. 3 („als er hinausging"), aber dann heißt es nicht „er *sah* andere", sondern „er *fand* andere", so dass man fast meinen könnte, der Weinbergbesitzer habe geradezu nach weiteren Arbeitern *gesucht*. Der Hinweis, die (auf dem Marktplatz) Stehenden seien *argoi*, ist jetzt nicht eine vom Erzähler gegebene Information[21], sondern eine Feststellung

---

16 Das *palin* spricht dafür, das textkritisch umstrittene adversative *de* („aber") in V. 5a trotz guter Bezeugung (Codex Sinaiticus, C, D und andere) nicht zu lesen; es fehlt u.a. im Codex Vaticanus und auch im „Mehrheitstext".

17 Harnisch, Gleichniserzählungen, 180: Die Angaben wirken übertrieben penibel, „doch zielt die pedantische Angabe eines gleichbleibenden Zeitmaßes eben darauf ab, die Differenz im Quantum der geleisteten Arbeit augenfällig zu machen." Man erwartet eine abgestufte Entlohnung.

18 So Luz, Matthäus III, 147.

19 Hier ist das adversative *de* einhellig bezeugt: „Um die elfte Stunde aber …"

20 Die Zeitangaben darf man nicht zu präzise verstehen wollen – wie lange „eine Stunde" dauert, hängt nicht zuletzt von der Jahreszeit ab; vgl. Hezser, Lohnmetaphorik 71: „Von Sonnenaufgang bis Sonnenuntergang wurde die Zeit in zwölf Stunden eingeteilt, so daß im Winter eine Stunde nur 45 Minuten, im Hochsommer dagegen 75 Minuten hatte. So kann die Arbeitszeit während der Erntezeit bis zu vierzehn oder fünfzehn Stunden betragen haben."

21 Allerdings haben viele Handschriften korrigiert und V. 6 insoweit an V. 3 angeglichen.

des Gutsherrn: „Was steht ihr hier den ganzen Tag ohne Beschäftigung?" Die Einleitung zu dieser wörtlichen Rede (*legei*, V. 6b) und ebenso die Einleitungswendungen in V. 7a *(legousin)* und in V. 7b *(legei)* sind im Präsens formuliert; offenbar soll der Eindruck entstehen, das Gespräch werde in einer gewissen „Eile" geführt. Die Frage des Weinbergbesitzers setzt voraus, dass die Angeredeten nicht erst seit kurzer Zeit „hier" stehen, sondern sich „den ganzen Tag" auf dem Markt aufgehalten hatten; das Fragepronomen *(ti)* zielt wohl nicht darauf, dass er wirklich die Gründe dafür erfahren will („Warum?"), sondern eher ist ein Vorwurf herauszuhören. Möglicherweise bedeutet die Perfektform des Verbs (wörtlich: „Was habt ihr den ganzen Tag hier gestanden?"), dass der Gutsherr die Betreffenden schon zuvor zwar gesehen, sie aber nicht eingestellt hatte; offenbar bedeutet seine in V. 2–5 geschilderte Handlungsweise nicht, dass er jedesmal alle Arbeiter eingestellt hatte, die er auf dem Marktplatz stehen sah. Dem entspricht die Antwort der Beschäftigungslosen in V. 7a: „Es hat uns niemand Arbeit gegeben." Hätte der Gutsherr zuvor stets *alle* jeweils verfügbaren Arbeitskräfte eingestellt, so wäre diese Antwort eine Lüge; aber der Text legt nicht nahe, dass das gemeint ist. Der Weinbergbesitzer reagiert mit derselben Anweisung wie in V. 4a: „Geht auch ihr in den Weinberg" (V. 7b).[22] Dass die Betreffenden tatsächlich gehen, wird – anders als in V. 5a – nicht gesagt; aber es ist natürlich vorausgesetzt.

Kann auf der Ebene der erzählten Welt die Einstellung von Tagelöhnern für *eine* Stunde Arbeit überhaupt als sinnvoll bzw. als plausibel gelten? Diese Frage klingt im Text nicht einmal an – der Weinbergbesitzer handelt, als wäre sein Verhalten ohne weiteres vernünftig und sachgemäß.[23] Die Hörer der Erzählung fragen sich allerdings, welche Konsequenzen die kurze noch verbleibende Arbeitszeit auf die zu erwartende Lohnauszahlung haben wird.

22 Zahlreiche Handschriften haben den Nachsatz in V. 4b („was gerecht ist …") in V. 7 sekundär ergänzt.

23 Luz, Matthäus III, 148f Anm 68 weist daraufhin, dass nach Abschluss des Tempelbaus in Jerusalem „arbeitslosen Handwerkern der volle Taglohn ausbezahlt [wurde], auch wenn sie nur eine Stunde gearbeitet hatten. Dies war jedoch eine Sondermaßnahme, um arbeitslose Handwerker in Jerusalem stillzuhalten und den zu hohen Tempelschatz zu reduzieren" (Jos Ant XX 220).

Der zweite Teil der Erzählung beginnt in V. 8, deutlich markiert durch die Zeitangabe „als es Abend geworden war". Nach der Logik der bisherigen Erzählung ist also die zwölfte Stunde des Tages erreicht. Was wird sich nun abspielen? Grundsätzlich wäre es denkbar, dass der Gutsherr – jetzt betont „der Herr des Weinbergs" genannt[24] – die Lohnauszahlung verweigert; dann würde er sich als ungerecht erweisen, und es käme vermutlich zu einem massiven Konflikt.[25] Aber das ist nach dem Duktus der bisherigen Erzählung von vornherein unwahrscheinlich. Eher wäre es möglich, dass ein je nach Arbeitszeit abgestufter Lohn ausgezahlt wird; dann würde der Erzählung allerdings jegliches Überraschungsmoment fehlen. So ist also zu erwarten, dass die bevorstehende Lohnauszahlung Besonderheiten aufweisen wird, und dementsprechend richtet sich darauf das Interesse.

Der „Herr des Weinbergs" wendet sich an seinen erst hier in die Erzählung eingeführten Verwalter und sagt[26] ihm in wörtlicher Rede, er solle die Arbeiter zusammenrufen und ihnen „den Lohn" auszahlen, beginnend mit „den Letzten" und endend mit „den Ersten". Die ausdrückliche Ankündigung dieses Verfahrens läßt bei den Hörern die Frage entstehen, welche Bedeutung diese Reihenfolge der Lohnauszahlung haben könnte; dieses Spannungselement würde fehlen, wenn im folgenden nur der Vorgang als solcher beschrieben wäre. Im übrigen erfährt man durch die Anweisung des Weinbergbesitzers an den Verwalter, dass *alle* Arbeiter Lohn erhalten, auch wenn explizit nur von „den Ersten" und „den Letzten" die Rede ist.

---

24 Der Wechsel in der Begrifflichkeit ist wohl nicht als Indiz dafür zu verstehen, dass die Person des Weinbergbesitzers metaphorisch zu deuten ist, etwa im Sinne von Gott; vielmehr wird nur deutlich, dass der Weinbergbesitzer ein *kyrios* ist, der einen Verwalter hat, dem er Anweisungen geben kann. Anders Luz, Matthäus III, 147f: Für die Adressaten stehe schon früh fest, dass mit dem Besitzer des Weinbergs Gott gemeint ist – „die Leser/innen stellen also Jesu Geschichte in den Horizont des Verhältnisses Gottes zu seinem Volk". Daher habe der Begriff „Herr des Weinbergs" das Ziel, „den Leser/innen den Gedanken an Gott" zu „erleichtern".

25 Hezser, Lohnmetaphorik 78–80 nennt Texte, die solche Fälle belegen.

26 Das Erzähltempus ist auch in V. 8 das Präsens *(legei)*.

Könnte die Erzählung mit der Anweisung in V. 8 zu Ende sein, etwa mit der indirekten Aufforderung an die Hörer, selber mögliche Deutungen des Verfahrens der Lohnauszahlung zu finden? Dann gäbe es auf der Ebene der erzählten Welt keine Antwort auf die Frage nach dem konkret ausgezahlten Lohn; es würde also ein Schluss fehlen, und das wäre bei einer solchen Erzählung ungewöhnlich. So dürfte V. 9 also unmittelbar zu der Erzählung gehören: Die in der elften Stunde Eingestellten empfangen jeder einen Denar. Das ist, wie die Hörer wissen, der Betrag, der „sehr früh am Morgen" mit anderen Arbeitern als Bezahlung für die Arbeit eines ganzen Tages vereinbart worden war. Wie die Arbeiter der elften Stunde auf diese Zahlung reagieren – mit Überraschung, Freude oder Dankbarkeit – wird nicht gesagt, es ist bedeutungslos. Die Auszahlung des Lohnes für die zur neunten, zur sechsten und zur dritten Stunde eingestellten Tagelöhner wird nicht erwähnt, sie ist aber vorausgesetzt. Die Perspektive richtet sich in V. 10 auf die nun ausdrücklich als „die Ersten" bezeichneten Arbeiter; jetzt weiß der Erzähler, dass sie „meinten" bzw. „erwarteten" (*enomisan*), sie würden „mehr erhalten" – gemeint: im Vergleich zu den Arbeitern der elften Stunde.[27] Aber „es empfingen jeder den einen Denar auch sie".[28]

Wäre die Erzählung mit V. 10 zu Ende, so würden sich die Hörer fragen, wie diese „Ersten" auf das Verhalten des Weinbergbesitzers reagierten, als sich ihre Erwartung nicht erfüllte. Wieder ist ein solch offener Schluss nicht undenkbar; aber der Duktus der Erzählung spricht dafür, dass das Geschehen von den Beteiligten auf irgendeine Weise kommentiert werden wird. Tatsächlich wird in V. 11 gesagt, dass sie nach dem Empfang des Geldes gegen den Weinbergbesitzer „murrten", und in V. 12 folgt sogar ihre wörtliche Rede. Dass in diesem Zusammenhang der Geldempfang zweimal erwähnt wird (in V. 10 als finites Verb: „sie empfingen", in V. 11 als Partizip: „nachdem sie empfangen hatten"), ist nicht kritisch

---

27 Hier ist natürlich wieder eine Leerstelle: Schon die Arbeiter der neunten bis dritten Stunde hatten sicherlich einen Denar als Lohn erhalten, was den Arbeitern der ersten Stunde eigentlich nicht entgangen sein kann. Aber diese Lohnzahlung wird ja gar nicht erwähnt.

28 V. 10b ist textkritisch unterschiedlich überliefert; einige Handschriften lesen sehr betont „*den* einen Denar"; in sehr vielen Handschriften fehlt der bestimmte Artikel *to*, was syntaktische Erleichterung zu sein scheint.

oder gar moralisierend gemeint, als hätten sie angesichts ihres „Murrens" die Annahme des Geldes verweigern sollen; sie können sich über die in ihren Augen zu geringe Höhe des Lohns ja erst beklagen, nachdem sie den Denar erhalten haben.

Warum die Arbeiter der ersten Stunde „murren", ist klar und für die Hörer sofort nachvollziehbar: Das, was sie dem Weinbergbesitzer sagen, trifft ohne Zweifel zu, denn er hatte „diese Letzten"[29] ihnen, also den zuerst Eingestellten, „gleich gemacht" (V. 12a), obwohl die beiden Gruppen doch sehr Ungleiches geleistet hatten. Dass die Aussage „wir haben die Last des (ganzen) Tages getragen und insbesondere die Hitze" (V. 12b) zutrifft, ist vorausgesetzt. Gegenstand der Kritik ist also die ungerechtfertigte Gleichbehandlung: Weder verlangen sie ausdrücklich mehr Geld für sich, noch fordern sie umgekehrt ausdrücklich, „diese Letzten" sollten etwas von dem erhaltenen Lohn zurückgeben. Die wörtliche Rede in V. 12 ist vielmehr so formuliert, als solle der Weinbergbesitzer selber eine Folgerung ziehen, durch welche die Gleichbehandlung – die tatsächlich ja eine Ungleichbehandlung ist – beseitigt wird.

Wieder könnte die Erzählung hier zu Ende sein, so dass sich die Hörer fragen müßten, wie wohl der Weinbergbesitzer auf die Kritik der Arbeiter der ersten Stunde reagieren mag. Aber auch hier gilt, dass auf der Ebene der erzählten Welt eine Reaktion wohl doch erzählt werden muß. Der Weinbergbesitzer wendet sich in V. 13 an einen der Arbeiter, also nicht an die ganze Gruppe, sondern an einen einzelnen, der damit zugleich bewußt „vereinzelt" wird.[30] Der Weinbergbesitzer spricht ihn mit „Freund" an, wörtlich „Gefährte"; das ist wohl nicht als Sympathiebeweis, sondern

---

29 Die Wendung „diese Letzten" macht den Eindruck, als seien die in V. 9 Genannten noch immer anwesend – die übrigen sind nicht von Interesse.

30 Dazu Harnisch, Gleichniserzählungen 182: „Einer muß stellvertretend die Verantwortung für den geäußerten Protest übernehmen. Damit ist die Flucht in die Anonymität des Kollektivs verlegt." Die Tendenz des Textes weist eher in die entgegengesetzte Richtung: Obwohl die Arbeiter der ersten Stunde offensichtlich gemeinsam protestiert hatten, also solidarisch waren, wird jetzt ein einzelner angesprochen, als habe er allein Kritik an der Lohnzahlung geübt.

eher als Ausdruck einer gewissen Distanz zu verstehen.[31] Der Weinbergbesitzer erklärt dem Angeredeten, sein Handeln sei ihm gegenüber nicht ungerecht[32], und er ruft ihm in Form einer rhetorischen Frage in Erinnerung, dass man sich doch auf einen Denar verständigt hatte.[33] Dann schickt er den Mann weg (V. 14a) – er soll das Seine nehmen und gehen.[34] Damit ist das Gespräch für den Weinbergbesitzer offensichtlich beendet[35], und es scheint wiederum möglich zu sein, dass hier die ganze Erzählung ursprünglich zu Ende war.

Überraschenderweise folgen in V. 14b.15 dennoch drei weitere Argumente, mit denen der Weinbergbesitzer sein Verhalten weiter erläutert. Zuerst (V. 14b) spricht er ein klares „Ich will aber … geben" aus, geradezu „nach Gutsherrnart" unterstreicht er seine souveräne und keiner Begründung bedürftige Entscheidung.[36] Die Wendung „diesem Letzten" nimmt die zuvor von den „murrenden" Arbeitern in V. 12 gebrauchte Sprache auf; der Weinbergbesitzer wählt jetzt aber, wie in V. 13b, den Singular („diesem Letzten wie auch dir"), womit er das Gegenüber nochmals scharf herausstellt. Anschließend (V. 15a) fragt er rhetorisch, ob er mit seinem Besitz nicht nach Gutdünken verfahren könne – wobei natürlich eine bejahende Antwort vorausgesetzt ist.[37] In V. 15b folgt schließlich eine mit „oder" angeschlossene weitere rhetorische Frage, die einen moralischen Vorwurf enthält: „Ist dein Auge etwa böse, weil

---

31 *hetaire* ist in Mt 22,12 die Anrede des Königs an den „Gast ohne Feiertagsgewand" und in Mt 26,50 Jesu Anrede an Judas bei der Festnahme in Gethsemane.

32 Die „doppelte Verneinung" ist keine Litotes, sondern eher entschuldigend gemeint – die Arbeiter hatten von „gerecht" oder „ungerecht" gar nicht gesprochen, sondern diese Begrifflichkeit wird erst jetzt ins Spiel gebracht.

33 V. 13 knüpft insoweit unmittelbar an V. 2 an.

34 Der Imperativ „geh" (*hypage*) ist natürlich nicht freundlich, aber auch nicht aggressiv gemeint.

35 Harnisch, Gleichniserzählungen 191: „Das mit der Verfügung der Entlassung ergehende Urteil (Niederschlagung der Klage) ist unanfechtbar" – freilich, so muß man hinzufügen, aus der Sicht des Besitzers.

36 Wenige Handschriften lesen hier ausdrücklich das Personalpronomen *ego*, unterstreichen also den autoritativen Charakter der Rede des Besitzers.

37 „Das Deine" *(to son)* in V. 14a und die Aussage „mit dem Meinigen" *(en tois emois)* in V. 15b korrespondieren einander.

ich gut bin?"[38] Da die Rede vom „bösen Auge" den ganzen Menschen meint[39], soll durch diese Frage der Kritiker beschämt werden, der dementsprechend auch nicht mehr antwortet.[40]

Die abschließende rhetorische Frage in V. 15b führt die Hörer bzw. Leser zu der Frage, ob das Verhalten des Weinbergbesitzers auf der Ebene der erzählten Welt plausibel und ob sein Handeln womöglich sogar das moralisch Richtige ist. Ist er tatsächlich „gut", und sind die Arbeiter der ersten Stunde, die sich durch ihn benachteiligt sehen, tatsächlich „böse"? Wolfgang Harnisch meint, der Weinbergbesitzer werbe mit seiner Argumentation „um das Einverständnis des zum Gehen genötigten, der Ferne überantworteten Adressaten", und er räume diesem dabei zugleich „die Möglichkeit einer veränderten Beziehung" ein.[41] Hans Weder urteilt, dass durch die in V. 15b erfolgende Präzisierung des Willens des Besitzers als Güte „das Verhalten der Arbeiter als das erkenntlich wird, was es eigentlich ist: *Neid, Mißgunst*".[42] Aber treffen diese Feststellungen wirklich zu? Die Arbeiter der ersten Stunde sehen sich doch mit Recht als ungerecht behandelt, und diese Einschätzung wird durch die Aussagen des Weinbergbesitzers keineswegs widerlegt. Zugleich setzt die Erzählung aber voraus, dass die Hörer die Haltung des Weinbergbesitzers billigen sollen, und das hat Folgen für die Auslegung der Erzählung als „Gleichnisrede vom Himmelreich" (s. unten).

---

38 Harnisch, Gleichniserzählungen 193. Nach Harnisch geht diese Frage „von der Prämisse aus, daß man sich der Erfahrung von Güte nicht widersetzen kann, und sie spielt denen, die sich auf die Maßstäbe der Werk-Welt versteifen, diese Prämisse zu. Sie wirbt um das Einverständnis derer, die sich in der Rolle der empörten Ersten wiederfinden: ‚Dein Auge kann doch gar nicht böse sein, wenn ich gütig bin!'

39 Vgl. Spr 27,19f LXX; Sir 14,8ff; 31,13.

40 In der Exegese ist erwogen worden, V. 14–15 als nachträgliche redaktionelle Ergänzung zur ursprünglich mit V. 13 endenden Gleichniserzählung anzusehen; das ist nicht undenkbar, aber auch nicht zu erweisen.

41 So Harnisch, Gleichniserzählungen 183.

42 So H. Weder, Die Gleichnisse Jesu als Metaphern. Traditions- und redaktionsgeschichtliche Analysen und Interpretationen (FRLANT 120), Göttingen 1978, 225.

Das vom Evangelisten in V. 16 redaktionell angefügte Logion nimmt 19,30 auf, die beiden Logien rahmen die ganze Erzählung. Das Logion ist nicht als Abschluß der Rede des Weinbergbesitzers zu lesen, sondern als ein Erzählerkommentar; möglicherweise will Matthäus es als eine das zuvor erzählte Geschehen kommentierende Aussage Jesu als des Gleichniserzählers verstehen. Klar ist, dass das Logion die Substanz der Erzählung verfehlt, insofern in der erzählten Handlung ja nicht „die Ersten" und „die Letzten" gegeneinander ausgetauscht worden waren, sondern alle Arbeiter wurden vom Weinbergbesitzer so behandelt wurden, als wären sie „die Ersten".

Der Sinn der Gleichniserzählung

Die Erzählung Mt 20,1b–15 erweist sich vom Ende her als ein Gleichnis; sie ist keine Beschreibung konkret gegebener sozialer Verhältnisse oder Schilderung eines tatsächlichen Geschehens; sie ruft auch nicht dazu auf, in der realen Welt neue Arbeitsbedingungen zu schaffen. Der offene Schluss lädt die Hörer allerdings dazu ein, selber auf das Gehörte zu reagieren, die Frage als unmittelbar an sie selber gestellt zu verstehen. Wie ist die Gleichniserzählung zu interpretieren, zumal angesichts dessen, dass die Erzählung nach V. 1a vom „Himmelreich" erzählt?[43]

Jüdischer Tradition entsprechend könnte der Weinbergbesitzer für Gott stehen und der Weinberg womöglich für das Volk Israel. Dann wären, so meint Friedrich Avemarie, „aus der kollektiven Größe Israel Individuen herausgegriffen und in den Brennpunkt gerückt …, die sich nach Leistung und erwartbarem Entgelt markant voneinander unterscheiden"; auch „die Bezeichnung gött-

---

43 Zu Predigten über dieses Gleichnis in der Predigtgeschichte vgl. M. Dutzmann, Gleichniserzählungen Jesu als Texte evangelischer Predigt (APTh 23), Göttingen 1990, 23–29 (J.L. von Mosheim [1732]: Die ungerechten Beschwerden der Menschen über die ungleiche Austeilung der irdischen Güter, nur zu 20,13–15), 42–46 (L. Harms [1859]: Viele sind berufen, aber wenige sind auserwählt, zu 19,27–20,16), 62–67 (L.Hofacker [1798–1828], Von der Einladung Gottes zur Arbeit in seinem Weinberg), 83–87 (A. Bitzius [1872], Der Lohn im Reiche Gottes, zu 20,1–15), 110–114 (E. Thurneysen [1938]).

licher Vergeltung als ‚Lohn' ist bereits alttestamentlich belegt".[44] Ausgehend von einer solchen Annahme wird oft angenommen, Jesus habe mit diesem Gleichnis die Tatsache rechtfertigen wollen, dass sich seine Zusage des Heils auch an die Deklassierten der jüdischen Gesellschaft richtete; diejenigen, die sich für „die Ersten" halten und die darüber „murren", dass sie ungeachtet unterschiedlicher Leistung von Gott denselben Lohn empfangen wie „die Letzten", werden dann in der Regel mit den Pharisäern gleichgesetzt.[45] Auf der Ebene des Matthäusevangeliums könnten mit „den Ersten" die Juden gemeint sein und mit „den Letzten" die Heiden, möglicherweise auch Judenchristen und Heidenchristen innerhalb der einen (nachösterlichen) Gemeinde. Solche Auslegung bewegt sich freilich in der Nähe der Allegorese und berücksichtigt überdies nicht genügend, dass die soziale Wirklichkeit in der Gleichniserzählung sehr differenziert dargestellt ist und dass es in der erzählten Handlung nicht nur „die Ersten" und „die Letzten" gibt.

Im Rahmen einer „sozialgeschichtlichen" Auslegung wird versucht, die Gleichniserzählung vor dem Hintergrund einer kritischen Beschreibung realer Arbeitsverhältnisse zu lesen. Joachim Jeremias meint, das Gleichnis sei „mitten aus dem Leben einer Zeit genommen, über der das Gespenst der Arbeitslosigkeit stand"; mit der abschließend in V. 15b gestellten vorwurfsvollen Frage zeige Jesus: „So handelt Gott wie jener Hausherr, der Mitleid hatte mit den Arbeitslosen und ihren Familien."[46] Bisweilen wird das Gleichnis, ausgehend von dem in V. 4 *(dikaion)* und in V. 13 *(ouk adikō)* begegnenden Wortfeld „Gerechtigkeit", als Beleg für ein neues Gerechtigkeitsverständnis des Matthäus gelesen. Nach F. Avemarie ist es erstaunlich, „wie die Parabel den Begriff der Gerechtigkeit handhabt: Wenn der Gutsherr gegenüber den Arbeitern der dritten Stunde Wort gehalten hat …, dann impliziert dies, dass seine Gerechtigkeit in eben der besagten Aufhebung des üblichen Verhält-

---

44 Avemarie (s. Anm 11), 466.
45 Vgl. die Auslegungsmodelle bei W.D. Davies/Dale C. Allison, A Critical and Exegetical Commentary on the Gospel According to Saint Matthew. Volume II. Commentary on Matthew XIX–XXVIII (ICC), Edinburgh 1997, 67f; ausführlich Luz, Matthäus III, 142–155.
46 Jeremias, Gleichnisse 138.

nisses von Lohn und geleisteter Arbeit besteht"; das aber sei hoch brisant, weil die Welt der Lohnarbeit „auf der proportionalen Entsprechung von Tun und Vergeltung, von Leistung und Gegenleistung beruht".[47]

W.D. Davies und D.C. Allison verstehen das Gleichnis als einen Gerichtstext: Mt 20,1–15 sei zu verstehen als „a parable of the last judgement which functions as a warning against boasting or presuming oneself to be among the first"; in erster Linie solle gesagt werden „that the promise of reward should not become ground upon which to stand".[48] Diese Auslegung entspricht allerdings insofern nicht der erzählten Handlung, als die Arbeiter, die schon früh am Morgen eingestellt worden waren, nicht nur nach ihrer Selbsteinschätzung, sondern tatsächlich „die Ersten" sind. Sie erhalten den ihnen zugesagten Lohn, aber ihr Problem besteht darin, dass der Weinbergbesitzer am Ende Ungleiches gleich behandelt und sich damit ihnen gegenüber offenbar als ungerecht erweist.

In der Exegese wird auch eine ausschließlich sozialgeschichtliche Deutung erwogen: Der Weinbergbesitzer, der nicht mit Gott gleichzusetzen ist, handelt völlig willkürlich und wertet bewußt die Arbeitskraft der zuerst Eingestellten ab.[49] Dem widerspricht F. Avemarie mit dem Argument, es liege „in der Zahlung des vollen Tagelohns an alle (ob allegorisch oder nicht) ganz gewiss nicht die Botschaft, dass Arbeit wertlos sei, ebenso wenig wie die Erzählhandlung den Tagelöhnern irgendeine Möglichkeit lässt, gemeinsam gegen den Gutsherrn Stärke zu behaupten. Was zur Solidarität ruft, ist vielmehr das Verhalten des Gutsherrn selbst – so besehen scheint es dem Interesse einer sozialgeschichtlichen Auslegung sogar zuwiderzulaufen, wenn sie diesem die Funktion einer ‚God figure' abspricht".[50]

Es läßt sich Zugang zum Verständnis der Gleichniserzählung finden, wenn man als Hörer bzw. Leser versucht, sich mit den Personen der erzählten Handlung zu identifizieren. Als erstes bietet sich hier die Person des Weinbergbesitzers an, der ja vom Anfang bis zum Schluss das erzählte Geschehen bestimmt. Dem Hörer ist

---

47 Avemarie (s. Anm 11), 464.
48 Davies/Allison, Matthew III, 67f.
49 Vgl. das Referat solcher Auslegungen bei Avemarie (s. Anm 11), 469.
50 Avemarie ebd.

die Identifikation mit ihm dann möglich, wenn die indirekt formulierte abschließende Aussage „Ich bin gut/gütig" nicht als Beschreibung des eigenen Handelns, sondern als Aufruf zu solchem Handeln verstanden wird. Nach der Auslegung von Catherine Hezser sollen sich die Hörer aber nicht mit dem Hausherrn identifizieren, sondern mit den Arbeitern; das werde „besonders am Schluß deutlich, wo die Ersten zu solidarischem Verhalten gegenüber den Letzten angehalten werden".[51] Aber den Schluss der erzählten Handlung bilden doch gerade die Worte des Weinbergbesitzers, der nicht von einer „Solidarität" der „Ersten" mit „den Letzten" spricht, sondern die uneingeschränkte Anerkennung seiner Entscheidung verlangt, allen denselben Lohn zu zahlen. Er nimmt also für sich in Anspruch, Ungleiches gleich behandeln zu dürfen – freilich unter der Voraussetzung, dass die mit den Arbeitern der ersten Stunde getroffene Lohnvereinbarung für die Arbeit des ganzen Tages tatsächlich eingehalten wird.

Grundsätzlich ist es möglich, dass sich die Hörer mit den zuletzt eingestellten Arbeitern identifizieren, die als erste ihren Lohn erhalten. Sie sind der Weisung, in den Weinberg zu gehen, bedingungslos gefolgt, und sie nehmen die vergleichsweise gute Bezahlung für eine Stunde Arbeit vermutlich gern an; dass sie diese hohe Bezahlung in irgendeiner Weise „verdient" hätten, ist durch nichts angedeutet. Bisweilen wird zwar versucht, für das Verhalten des Weinbergbesitzers ihnen gegenüber „plausible" Motive zu finden; so seien sie nicht für ihre Arbeit, wohl aber für ihre *Bereitschaft* zur Arbeit bezahlt worden[52], oder der Weinbergbesitzer habe ihre Arbeit offenbar besonders hoch geschätzt.[53] Aber die Gleichniserzählung enthält keinerlei Indizien für eine solche Auslegung. Überdies ist zu beachten, dass die zuletzt eingestellten Arbeiter weder wissen, wie es zu dem Betrag von einem Denar als Arbeitslohn gekommen war, noch erfahren sie, wie viel Geld die übrigen

---

51 Hezser, Lohnmetaphorik, 97.

52 Avemarie (s. Anm 11), 463 verweist darauf, dass der Betrag von einem Denar dem entspricht, „was diese Leute verdient haben würden, wären sie schon bei Tagesanbruch angeheuert worden", so dass es „statt ihrer Leistung … ihr Arbeits*wille*, ihre Einsatzbereitschaft zu sein [scheint], die er [der Gutsherr] belohnt".

53 Vgl. die Referate des sozialgeschichtlichen Ansatzes der Auslegung bei Hezser, Lohnmetaphorik, 34–39.

Arbeiter erhalten. Beim Hinweis auf den Betrag von einem Denar mag das Wissen der Hörer vorausgesetzt sein, dass damit die Existenzsicherung einer Familie für einen Tag ermöglicht wird – der Weinbergbesitzer zahlt also eine „Grundsicherung"; aber in V. 2 war ausdrücklich gesagt worden, die Höhe der Bezahlung gehe auf eine Vereinbarung zurück, sie verdankt sich also nicht der pauschalen Anerkennung einer sozialen Notwendigkeit.

Am nächsten liegt natürlich die Annahme, dass sich die Hörer des Gleichnisses mit den Arbeitern der ersten Stunde identifizieren: Sie sind bereits an der früh am Morgen getroffenen Lohnvereinbarung beteiligt und wissen also, wie viel Geld sie zu erwarten haben. Sie werden am Abend Zeugen der Lohnauszahlung an die später Eingestellten, und so können sie nach dem in V. 9 dargestellten Geschehen damit rechnen, einen besseren als den vereinbarten Lohn zu erhalten; ihre entsprechenden Erwartungen werden in V. 10 denn auch explizit erwähnt, ohne dass sie auf der Ebene des erzählten Gleichnisses ausgesprochen werden – man weiß, was sie denken, und so liegt eine Identifikation mit ihnen besonders nahe.[54] Angesichts der Tatsache, dass ihre Erwartungen enttäuscht werden, ist ihre Reaktion in V. 11 und dann ihr verbaler Protest in V. 12 für die Hörer plausibel und nachvollziehbar, und umgekehrt ist der vom Weinbergbesitzer gegenüber einem der Beschwerdeführer indirekt erhobene Vorwurf, er sei „böse, weil ich gut bin", kaum gerechtfertigt.[55] Für die Arbeiter der ersten Stunde bleibt der Konflikt am Ende ungelöst; das wird auch daran deutlich, dass die in V. 15b gestellte Frage ohne Antwort bleibt. Damit macht gerade

---

54 M. Wolter, Jesu Gleichnisse als interaktive Erzählungen, in: ders., Theologie und Ethos im frühen Christentum. Studien zu Jesus, Paulus und Lukas (WUNT 236), Tübingen 2009, 64–81, hier: 72: „Das Raffinement dieses Einblicks in das Innere der Ganztagsarbeiter besteht nun aber darin, dass nicht nur sie es sind, die diese Erwartung hegen, sondern auch die Hörer: Weil sie wissen, dass der Hausherr ‚gerecht' (V. 4) entlohnt, stellt sich bei ihnen nun die Erwartung eines proportionalen ‚mehr' ein. Insofern sind es gerade deren Erwartungen in Bezug auf den Fortgang der Erzählung, die hier verbalisiert werden, und es ist diese Stelle, an der die Erzählung in die Welt der Hörer überspringt."

55 Harnisch, Gleichniserzählungen, 190: Es ist von entscheidender Bedeutung, „daß sich der Konflikt *nicht am großzügigen Verhalten des Gutsherrn, sondern an der Folgenlosigkeit dieses Verhaltens für die anderen* entzündet".

dieser offene Schluss deutlich, dass die Hörer, die sich mit „den Ersten" identifizieren, vor die Frage gestellt sind, wie sie nun reagieren wollen.[56]

Zweifellos ist es richtig, in dem Weinbergbesitzer der Gleichniserzählung Gott zu sehen, oder richtiger: Das Handeln des Besitzers steht für das Handeln Gottes. Es geht also um das Gottesbild, „genauer: um die Erwartungen der Hörer an Gottes Gerechtigkeit".[57] Nach der Aussage des Gleichnisses entspricht aber Gottes „gerechtes" Handeln gerade nicht dem. was nach menschlichen Maßstäben als gerecht gilt. „Die gleiche (und insofern gerade nicht gerechte) Entlohnung aller Arbeiter sowie vor allem das Schlusswort des Weinbergbesitzers (V. 13–15) sollen auf Seiten der Hörer bestehende Vorstellungen von und Erwartungen an Gottes Gerechtigkeit revidieren: Gottes Gerechtigkeit ist nicht einfach als Verlängerung dessen zu denken, was im zwischenmenschlichen Verkehr als gerecht gilt, sondern ist – das heben die letzten vier Worte der Erzählung dezidiert hervor – durch seine Güte normiert."[58]

Es bleibt am Ende die Frage, ob die Gleichniserzählung darauf zielt, die Handlungsweise des Weinbergbesitzers in die ökonomische Realität zu übertragen. Zumindest implizit enthält das Gleichnis die Mahnung, die Grenzen eines um jeden Preis „gerechten Lohnes" zu erkennen; das Gleichnis enthält die Anfrage, ob es Bereiche gibt, wo die Grenzen eines unbedingten Gerechtigkeitsprinzips erreicht werden. Der eine Denar, den der Besitzer mit den zuerst von ihm Eingestellten als Arbeitslohn ausgemacht hatte, reicht einerseits aus, um eine Familie einen Tag lang zu versorgen; und diesen einen Denar erhalten am Ende *alle* für ihre Arbeit, unabhängig von ihrer individuell erbrachten Arbeitsleistung. Andererseits aber hat der Weinbergbesitzer nicht gänzlich auf jede Arbeitsleistung verzichtet – er geht nicht am Ende des Tages auf den Marktplatz,

56 Vgl. Wolter (s. Anm 54), 73: Solche Schlussworte von Gleichnissen „haben die Funktion, eine Transzendierung der erzählungsinternen Interaktion zu erleichtern, und sie verweisen damit aus der erzählten Welt in die besprochene Welt der Hörer, die das jeweilige Schlusswort auf ihre eigene Geschichte übertragen sollen".
57 Wolter (s. Anm 54), 72.
58 Wolter ebd.

um denen, die gar nicht gearbeitet hatten, ebenfalls einen Denar zu geben.

Geht das Gleichnis auf Jesus zurück oder liegt „Gemeindebildung"[59] vor? Jedenfalls enthält es keine explizite Christologie, und es trägt auch keine Züge, die auf die nachösterliche Gemeinde weisen. C. Hezser, die das Gleichnis eingehend mit rabbinischen Lohngleichnissen vergleicht[60], kommt zu dem Ergebnis: „Das Besondere des Gleichnisses Jesu, das ihn zwar nicht aus dem Kreis jüdischer Gleichnisausleger heraushebt, ihn aber doch von den anderen Gleichniserzählern unterscheidet, ist die Betonung des solidarischen zwischenmenschlichen Verhaltens am Ende des Gleichnisses (durch das Motiv vom ‚bösen Auge'): Weil Gott gütig ist, soll auch der Mensch seinem Mitmenschen gegenüber gütig sein. Diese soziale Komponente paßt gut in den Gesamtrahmen der Verkündigung Jesu."[61] H. Weder betont, dass in dem Gleichnis „*alle Arbeiter zu Ersten gemacht*" werden[62]; er meint, die Parabel wolle dem Hörer die Sicht des Herrn nahebringen, sie „*wirbt um Einverständnis* und versucht so, den Hörer auf ihre Seite zu ziehen".[63] Allerdings ist zu beachten, dass in der erzählten Welt des Gleichnisses die Arbeiter der ersten Stunde nicht dazu aufgefordert oder gar dafür „geworben" werden, mit den Arbeitern der elften Stunde solidarisch zu sein; sie werden vielmehr gemahnt, die Entscheidung des Weinbergbesitzers zu akzeptieren, auch wenn sie sich durch diese Entscheidung benachteiligt sehen.

Jesus als Sprecher des Gleichnisses stellt sich auf die Seite des Weinbergbesitzers, dessen Handeln nicht nur plausibel, sondern am Ende sogar „gut" ist. Damit betont Jesus die souveräne Freiheit

---

59 Damit ist natürlich nicht gemeint, dass der Text von „der Gemeinde" formuliert wurde; es geht um die Frage, ob die Gleichniserzählung von einem Gleichniserzähler in der nachösterlichen Gemeinde geschaffen wurde.

60 Es gibt rabbinische Gleichnisse, in denen ein Arbeiter mit geringerer Arbeitsleistung denselben Lohn wie ein anderer bekommt, weil er qualitativ Wertvolleres geleistet hat; aber es gibt auch Gleichnisse, in denen für unterschiedliche Arbeit unterschiedlicher Lohn bezahlt wird; vgl. die Texte bei Hezser, Lohnmetaphorik, 301–310.

61 Hezser, Lohnmetaphorik, 249.

62 Dabei liege „der Hauptakzent wohl *nicht* darauf, daß alle Arbeiter *gleich* sind, sondern eben darauf, daß es in diesem Weinberg *nur Erste gibt*" (Weder, Gleichnisse 224).

63 Weder, Gleichnisse 225.

112

des Willens Gottes, die aber nicht Willkür ist, sondern grundsätzlich allen Menschen, den „ersten" wie den „letzten" Arbeitern, zugewandt bleibt. Gott wird als ein Weinbergbesitzer geschildert, der dem Menschen immer wieder nachgeht von der ersten bis zur (vor-)letzten Stunde und der am Ende „die Letzten" nicht anders behandelt als die „Ersten". Aber es wäre kurzschlüssig, den Text lediglich als ein Beispiel für die uneingeschränkte Güte Gottes zu lesen; dafür ist die soziale Wirklichkeit doch zu genau und zu vielschichtig gezeichnet. So muß man nüchtern feststellen: Gottes Handeln für den Menschen, so wie es von Jesus dargestellt wird, widerspricht den Maßstäben menschlicher Gerechtigkeit. Oder umgekehrt: Die menschliche, soziale Gerechtigkeit steht im Widerspruch zum Handeln Gottes.

Aus welcher Vollmacht heraus nimmt Jesus als Sprecher dieses Gleichnisses für sich in Anspruch, so von Gott reden zu dürfen? Versteht er sich als der Messias? Sieht er sich überhaupt als Person, die einen der Hoheitstitel der jüdischen Tradition trägt?[64] Vermutlich nicht. Aber Jesus beansprucht offensichtlich, vollmächtig und auch im Widerspruch zur anerkannten Überlieferung von Gott reden zu dürfen; das in dieser Gleichniserzählung zur Sprache gebrachte Gottesbild weicht offensichtlich von dem Gottesverständnis der Tradition und der allgemeinen menschlichen Erwartung ab.

Welchen Sinn hat das Gleichnis auf der Ebene des Matthäusevangeliums? Der Evangelist Matthäus versteht das erzählte Geschehen als eine Metapher für das „Himmelreich"; zugleich meint er aber auch, das in dem Gleichnis Gesagte sei durch das Logion 20,16 (vgl. 19,30) angemessen interpretiert. Nach C. Hezser verfolgt der Evangelist mit dieser Deutung das (kirchenpolitische) Ziel, „einen Konflikt zwischen Wandercharismatikern und Christen der Ortsgemeinden zu schlichten"[65]; ein solcher Konflikt zeige sich ja schon in der vorangegangenen Erzählung vom „reichen Jüngling", denn in der Mt-Fassung erscheine der Reiche „als Repräsentant der reicheren Gemeindeglieder der Ortsgemeinden",

---

64 Eine besondere Rolle kommt immer wieder der Frage zu, ob Jesus sich als der „Menschensohn" gesehen hat. M.E. spricht alle Wahrscheinlichkeit gegen eine solche Annahme, da entsprechend der jüdischen Tradition der „Menschensohn" eine apokalyptisch-jenseitige Gestalt war (Dan 7,13f).
65 Hezser, Lohnmetaphorik, 286.

während Petrus Repräsentant der Wandercharismatiker sei.[66] Matthäus wolle mit dem Gleichnis in 20,1–16 auf diesen Konflikt Bezug nehmen. Aber das dürfte ein Mißverständnis sein; das Logion in 20,16 spricht von der Umkehrung der Verhältnisse, nicht von einem Ausgleich; das spricht gegen die Annahme, hier solle ein bestehender Konflikt geschlichtet werden.[67] Liest man auf der Ebene des Matthäusevangeliums die Gleichniserzählung von 19,30 und 20,16 her, so wird deutlich, was der Evangelist seinen Lesern sagen will: Im „Himmelreich" gibt es keine „Plätze", auf die sich Menschen verlassen, auf die sie Anspruch erheben können.

---

66 Hezser, Lohnmetaphorik, 261. 263.
67 Hezser, Lohnmetaphorik, 250 meint, „der Konflikt, für den Matthäus das Gleichnis aktualisiert" habe, sei größer als der, „für den Jesus es ursprünglich formuliert hatte. Während Jesus noch hoffen konnte, seine Hörer mit Argumenten zu überzeugen, muß Matthäus eine direkte Drohung anfügen, um mit seiner Mahnung Erfolg zu haben".

Gottesdienst und Predigt
Mt 20,1–16a

Hans-Helmar Auel

Predigt

Von dem Weinbergbesitzer und seinen Tagelöhnern – Eine Symphonie des Lebens

„Es lohnt sich nicht, mit Gott ein Geschäft zu machen", so sagt ein Mann, „das zahlt sich nicht aus"; ein anderer fügt hinzu: „Wenn ich mich als Geschäftsmann so verhielte, wäre ich bald pleite!" Leicht resignierend meint ein Dritter: „In der Kirche habe ich so viel Güte noch nie erlebt!" Stimmen als Reaktion auf ein Gleichnis. Sie zeigen uns, was wir schon längst wissen. Wir hören und wählen dabei aus. Wir nehmen auf und lassen gleichzeitig liegen. Wir glauben zu verstehen und sind doch erstaunt, was andere verstehen. Die Kirche jedoch ist nicht das Himmelreich, und im Himmelreich gibt es keinerlei Plätze, auf die sich Menschen verlassen können.

Für mich ist dieses Gleichnis eine große Symphonie des Lebens in mehreren Sätzen. Sie erklingen in hellem Dur und betrübtem Moll. Immer wieder wird ein Thema angespielt, mal schnell, mal langsam. Ein Scherzo ist zu hören, und der Paukenschlag fehlt auch nicht. Am Ende verhallt diese Lebenssymphonie wie eine ahnende Mahnung, und wir hoffen, dass sie nicht ungehört verhallt.

Ein Wort ist wie ein Schlüssel, der mir die Bilder dieses Gleichnisses aufschließt und mich aufschließt, um die Bilder zu empfangen. Zweimal taucht dieses Wort an entscheidender Stelle auf. Im Griechischen heißt es „symphonein". Die Übersetzer der Bibel haben es auf verschiedene Weise in unsere Sprache übertragen. Martin Luther gab es wieder mit „einig werden", andere übersetzten es mit „übereinkommen". Aber erst in dem deutschen Wort „übereinstimmen" klingt die Musikalität wieder, die dem griechischen Wort inne wohnt. Das geheime Thema wird in diesem Wort angespielt. Wie weit stimmt unser Leben? Nach welcher Lebensmelodie leben wir? Wie weit stimmt unser Leben mit Gott überein und mit seiner Gerechtigkeit?

Am Anfang, so erzählt Jesus, steht die Übereinstimmung. Wie Menschen, die das gleiche Lied singen und ihre Stimmen zu einem vollendeten Chor zusammenfügen, so gehen die Arbeiter und der Herr des Weinberges auseinander. Zwischen ihnen stimmt alles. In ihnen stimmt alles. Alles hat sich gut gefügt. Details sind nicht weiter von Interesse. Da erspüren wir eine heitere, gelöste Stimmung.

Das gibt es also in deinem Leben, will Jesus sagen, dass du auf diesen Grundklang deines Lebens hörst und mit ihm in Einklang leben kannst. Du bist zufrieden und traust der Verheißung, es werde recht zugehen. Diese verborgene Lebensmelodie, der du auf die Spur gekommen bist, hat in dir Saiten zum Schwingen und Erklingen gebracht, die in dir nachhallen. Sie lassen dich beschwingt deinen Weg gehen. Mit dieser Melodie im Herzen und auf den Lippen lässt es sich leben und arbeiten. Je länger der Tag dauert, wird der Chor derer, die mit einstimmen, immer größer. Selbst des Tages Last und die kräftezehrende Hitze lassen keine Misstöne aufkommen. Es ist wie ein verschwebender Klang der Harmonie den ganzen Tag über.

Aber, so führt uns Jesus weiter, was geschieht, wenn der Abend kommt? Die Schatten werden länger, am Horizont geht die Sonne unter. Dämmerung macht sich breit und kündet von der Dunkelheit, wo eben noch alles hell und klar war. Unsere Stimmungen wandeln sich mit, wenn auch zunächst fast unmerkbar. Hält dieser Einklang des Tages auch noch bei gewandelter Stimmung am Abend?

Am Abend also steht der ganze Chor zusammen, die Ersten und die Letzten mit allen anderen.

Aber dann, unsere Ohren wollen dem Gehörten kaum trauen, unsere Augen das Gesehene nicht wahrhaben. Jeder ist gleich viel wert. Jeder soll gleich viel wert sein? Womit haben wir denn das verdient? Bekommen wir überhaupt das, was wir verdient haben? Eine ungläubige Pause. Da spielt doch wer falsch. So hatten wir nicht gewettet. Misstöne verderben den Einklang. Dann schlägt die Stimmung um. Die Ersten im Chor murren. Verstimmt sind sie, aber nicht verstummt. „Was hat mir das nun gebracht?", fragen sie. „Lohnt sich denn mein Einsatz und mein Leben?" „Was bin ich eigentlich wert?" So verändert sich die Stimmung. Noch klingt es beruhigend: „Ich weiß ja eigentlich, wie viel ich wert bin. Wir fanden doch darin Übereinstimmung!"

Was eigentlich bringt diese Missstimmung auf? Eben stimmte doch noch alles. Wo kommen nur die murrenden und brummenden Misstöne her?

Alles, so erzählt Jesus, stimmt in dem Augenblick nicht mehr, wo die Stimmen des Chores zu vergleichen anfangen. Der vorhandene Einklang wird zum Missklang in dem Moment, wo unsere Augen auf den anderen sehen. Was geht da in uns vor sich, wenn wir uns vergleichen? Warum fangen wir überhaupt damit an, uns zu vergleichen?

Manchmal bringt das ja Menschen ein Stückchen Zufriedenheit, wenn sie sich vergleichen. „Ich weinte, weil ich keine Schuhe hatte. Da traf ich jemanden, der hatte keine Füße", so schrieb eine Frau. Eine andere erzählt: „In der Krebsklinik habe ich so viel Elend gesehen, so viele Menschen, denen es noch viel schlechter geht als mir, da will ich mein Päckchen ganz zufrieden tragen!" Vergleichen macht scheinbar ein Stückchen zufrieden, wenn wir zu denen gehören, die besser weggekommen sind, weil es Menschen gibt, die noch schlechter dran sind als wir, und von denen gibt es ja immer welche.

Meistens aber hört es sich anders an, wenn wir uns vergleichen. Da ist das Gefühl, im Leben zu kurz gekommen zu sein. Immer sind wir Zweiter. Immer sind andere besser dran. Immer wieder falle ich hinten runter. Immer wieder trifft es unsere Familie, andere Familien haben nur Glück, denen geht es gut. Was habe ich nur verbrochen, dass es mir so schlecht geht? Womit habe ich das verdient?

Dieses Lied können wir in vielen Strophen singen. Wir kennen sie alle auswendig und lernen immer wieder neue Verse hinzu, wenn sie nur diesen einen Inhalt haben: Andere sind besser dran als ich. Dann verdüstert sich unser Herz, in unseren Augen spiegelt es sich wider. Wir schauen scheel drein, als ob wir auf den anderen schielen würden, wie Saul auf David schielte (1Sam 18,9). Wiederholt sich dann nicht jedes Mal der finstere folgenreiche Blick, mit dem Kain nach Abel sah?

„Mein Freund", sagt da eine Stimme. Ich fühle mich aus dem großen Chor heraus gerufen. Versteckt in der Menge ließ es sich leicht murren. Aber jetzt werde ich genannt. Die Stimme macht Ernst mit meiner Individualität, auf die ich so großen Wert lege. Ich werde aufgerufen. Die anderen sind alle noch da, aber sie versinken hinter mir, als ob sie in diesem Augenblick gar nicht mehr da wären und nicht mehr zählten. „Mein Freund", reicht es dir nicht, dass du mit mir übereinstimmst? Lohnt es sich plötzlich nicht mehr für dich, mit mir in Einklang zu leben? Bist du verstimmt, wenn du meine Güte wahrnimmst? Höre hin, wie es sich anhört, wenn der Vergleich mit anderen die Vorzeichen deiner Lebensmelodie verändert.

Im Religionsunterricht sagte eine Schülerin von diesem Gleichnis: „Ich weiß, dass Gott mein Leben wollte und mich hält. Das soll mir reichen!" Das heißt aber auch: das macht mich reich.

An irgend einem Punkt seines Lebens wird jeder Mensch aus den vielen Stimmen diese eine gültige heraushören, die ihn alleine ruft: Adam, wo bist du? Es könnte ihm genügen und ihn zufrieden stellen, dass da jemand ist, der ihm gut ist und es mit ihm recht meint. Das alleine zählt. Wer sich vergleicht, vergeht sich. Gott behandelt alle, als wären sie „die Ersten". Er nimmt für sich in Anspruch, Ungleiches gleich zu behandeln. Sein gerechtes Handeln entspricht nicht dem, was nach unseren Maßstäben als gerecht gilt. Seine Norm ist die Güte. An dieser Güte Gottes ist etwas Unfassliches, aber sie alleine macht dieses Leben erst stimmig.

Gottesdienst

Septuagesimae I

PSALM 31

BITTRUF

> Das Auge ist das Licht des Leibes. Wenn dein Auge lauter ist, so wird dein ganzer Leib licht sein. Wenn aber dein Auge böse ist, so wird dein ganzer Leib finster sein (Mt 6,22.23). Du aber, o Herr, erbarme dich unser.

So werden die Letzten die Ersten und die Ersten die Letzten sein (Mt 20,16a). Dem allmächtigen Gott lobsingen wir mit allen Christen auf Erden, mit allen Toten in der Erde, mit allen Zukünftigen, die noch getauft werden, und mit allen Engeln in den Himmeln.

KOLLEKTENGEBET

Herr, allmächtiger Gott, du stehst am Anfang und am Ende, du nimmst dich der Ersten an und der Letzten. Dafür sei dir Dank in Ewigkeit.

LESUNGEN

1Kor 9,24–27
Jer 9,22–23

GEBET

Allmächtiger Gott, oft genug sind wir an dem Punkt angelangt, wo wir glauben, nichts mehr lohne sich im Leben. Zu kurz gekommen wähnen wir uns, vom Leben nur gestraft, und vergessen dabei die vielen Tage, die wir leicht durchs Leben schwebten und ein Danke nicht für nötig erachteten. Wir schielen nach Anderen, verlieren uns dabei aus dem Blick und vergessen ganz, auf dich zu schauen. Manchmal beschleicht uns eine Ahnung, dass wir einzig vor dir stehen und alle anderen dann um uns herum verschwinden. Wenn nichts mehr zwischen uns steht, vielleicht können wir dann annehmen, was alles aus deiner Hand kommt. Amen.

LIEDER

Es ist das Heil uns kommen her (EG 342)
Gott liebt diese Welt (EG 409)
„Mir nach“, spricht Christus, unser Held (EG 385)
O Durchbrecher aller Banden (EG 388)

Die Versuchung Jesu
Mt 4,1–11

Reinhard Feldmeier

Das aktive Wirken Jesu im Evangelium beginnt damit, dass Gott in der Taufe Jesus als seinen „geliebten Sohn" offenbart. Daraufhin führt ihn der Geist, der auf Jesus dabei herabgekommen war, in die Wüste, wo sich der Gottessohn durch Fasten auf seinen Weg vorbereitet. Nach 40 Tagen ohne Essen kommt die Stunde des Versuchers. Der Teufel tritt an den hungrigen Gottessohn mit den Worten heran: „Wenn du der Sohn Gottes bist, so sprich, dass diese Steine Brot werden". Der Versucher spricht also Jesus als den an, als den ihn Gott selbst offenbar gemacht hat. Aber er tut dies so, dass er dabei den Titel in einer bestimmten Weise deutet: Wenn Jesus wirklich der Gottessohn ist, dann hat er an der Macht des Schöpfers teil und kann aus Steinen Lebensmittel machen. Mit anderen Worten: Der Teufel interpretiert die Gottessohnschaft als Synonym für ‚Göttlichkeit' im Sinne übermenschlicher Macht, die dann auch dazu eingesetzt werden kann, die eigenen Bedürfnisse zu befriedigen. Jesus kontert mit einem Bibelwort: „Der Mensch lebt nicht vom Brot allein, sondern von jedem Wort, das aus Gottes Mund kommt". Sein ‚Lebensmittel' als Gottessohn, so hält er dem Teufel entgegen, ist das Wort des Vaters. In der Gemeinschaft mit Gott besteht für ihn die Pointe seiner Gottessohnschaft.

Doch der Teufel lässt nicht locker. Wenn es die Gemeinschaft mit Gott ist, auf die Jesus Wert legt – nun, so kann sich der Versucher auch darauf einlassen. Er führt ihn auf die Tempelzinne und macht einen zweiten Vorschlag. Auch diesen leitet er wieder ein mit der Frage: „Wenn Du der Sohn Gottes bist". Diesmal ist er subtiler; es geht nicht mehr um den vollen Bauch, sondern um öffentliche Anerkennung. Wenn Jesus sich unbeschadet von der Tempelzinne stürzen kann, wird alle Welt erkennen, dass Gott wirklich hinter ihm steht, dann erkennt ihn jeder als Gottessohn. Dazu passt es auch, dass der Teufel seinen Vorschlag auch noch mit einem Bibelwort begründet, mit dem Psalmwort, das wir mit

Mendelsons herrlicher Vertonung geradezu mitsingen möchten: „Denn er hat seinen Engeln befohlen über Dir, dass sie dich auf Händen tragen und du deinen Fuß nicht an einen Stein stößt". Hier wird erneut deutlich: In Wahrheit will der Teufel einen Gottessohn ohne Gott, einen Sohn ohne Vater. Genau dagegen wendet sich Jesu zweite Antwort: wenn er ihn erneut mit einem Bibelwort abweist: „Du sollst Gott deinen Herrn nicht versuchen". Will heißen: Jeder Versucht, sich Gott verfügbar zu machen, und sei es mittels dessen eigener Zusage, ist gottlos. Jesus aber ist gerade so Gottes Sohn, dass er sich seinem Vater ganz unterstellt.

Hatte der Versucher in den ersten beiden Versuchungen noch argumentiert, indem er vorgab, den Jesus vom Vater verliehenen Würdetitel Gottessohn zu interpretieren, so verzichtet er beim dritten Gesprächsgang darauf. Jetzt führt er Jesus auf einen hohen Berg und bietet ihm dort die Herrschaft über alle Königreiche der Erde an. Seine einzige Bedingung: Jesus soll vor ihm niederfallen und ihn anbeten. Vom Gottessohn ist nun nicht mehr die Rede. Der Teufel lässt die Maske fallen: Es geht nicht um Gott, sondern um Macht, um die bindungslose Macht, den eigenen Willen gegen alles andere durchzusetzen. Solche Macht ist in der Welt allgegenwärtig, wie das Neue Testament zeigt: Die blutige Spur dieser Macht zieht sich durch es hindurch vom ersten bis zum letzten Buch, vom Kindermord des Herodes im Matthäusevangelium bis zu der vom Blut der Heiligen trunkenen Hure Babylon in der Johannesoffenbarung. Den satanischen Charakter dieser Eigenmächtigkeit in Gestalt der Gewaltherrschaften unterstreicht die Parallelstelle zu unserem Bibeltext noch, wenn sie den Teufel sagen lässt, dass alle diese Königreiche, die er Jesus anbietet, ihm übergeben sind (Lk 4,6).

Wenn Jesus nun noch einmal mit einem Bibelwort antwortet, dass der Mensch allein Gott dienen und nur vor ihm niederfallen soll, dann zitiert er mit Dtn 6,13 zum dritten Mal ein Wort aus dem Kontext des jüdischen Grundbekenntnisses, dem Sch^ema Israel, dessen Zentrum bekanntlich die vorbehaltlose Gottesliebe bildet (Dtn 6,5). Während also der Versucher den Titel Gottessohn als Prädikat für selbstbezogene Übermacht verstanden wissen will, bestätigt Jesus ein drittes Mal, dass Gottessohnschaft für ihn nicht Machtprädikat, sondern Ausdruck einer Beziehung ist. Ihr Wesen ist folglich nicht Selbstdarstellung und Selbstbehauptung, sondern Hingabe, Gehorsam, Liebe zu Gott als seinem Vater. Jesus tritt nicht auf als der Übermensch, sondern als derjenige, der „sanftmütig und von Herzen demütig" ist (Mt 11,29). Das prägt sein Auftreten, gerade auch seinen Umgang mit der ihm verliehenen Vollmacht: Wenn er durch das Land zieht, um den Anbruch der Gottesherrschaft als ‚Evangelium', als frohe Botschaft in Worten und Taten zu verkündigen, dann äußert sich seine Macht darin, dass sie den Bedürftigen und Kranken zugute kommt. Dagegen lehnt es Jesus konsequent ab, seine Vollmacht zur Selbstbestätigung einzusetzen. Er versteht sein ganzes Leben als Dienst (Mt 20,28), und er heilt die Krankheiten und Schwachheiten, indem er sie auf sich nimmt (Mt 8,16f vgl. Jes 53,4).

Doch damit scheint der Gottessohn auf das falsche Pferd gesetzt zu haben. *The Empire strikes back*, nach kurzer Wirksamkeit wird Jesus gefangen genommen und als „König der Juden" gekreuzigt. Der Weg des Menschen Jesus von Nazareth zerbricht an der Macht der Gewalthaber, und noch einmal hört er, schon als Sterbender, die Stimme des Versuchers, nun in der höhnischen Aufforderung der am Kreuz Vorbeigehenden: „Rette dich selbst, wenn du der Sohn Gottes bist, und steig herab vom Kreuz" (Mt 27,40).

Doch nicht der Teufel behält im Evangelium das letzte Wort. Das Ende des Lebens Jesu ist der Anfang des Evangeliums von Jesus Christus, weil der Gott, dem sich Jesus als seinem Vater am Anfang des Evangeliums ganz und gar unterstellt hat, sich deshalb am Ende ganz und gar hinter seinen Sohn gestellt hat. Und so mündet das Evangelium in einer Szene, die man gut als die Gegenszene zur Versuchungsgeschichte bezeichnen kann. Dort ‚Matthei am letzten' steht Jesus erneut auf dem Berg. Diesmal sind seine Jünger bei ihm, und er verheißt ihn in dem berühmten Wort ‚Matthei am letzten': „Siehe, ich bin bei euch alle Tage bis an das Ende der Welt". Hatte er das erste Mal auf dem Berg das Angebot der Weltherrschaft abgelehnt, so leitet er jetzt die Zusage der bleibenden Gemeinschaft ein mit den Worten: „Mit ist gegeben alle Vollmacht im Himmel und auf Erden". Das Passiv „mir ist gegeben" ist ein sog. *passivum divinum,* ein ‚göttliches Passiv'. Es besagt, dass nun Gott seinem Sohn, der den Weg des Gehorsams (vgl. Mt 3,15) und des Leidens gegangen ist, nun *alle Vollmacht* gegeben hat, und zwar nicht nur auf Erden, sondern auch *im Himmel.*

Die Erzählung von Jesu Versuchung durch den Teufel ist eine Legende, und zumindest legendarisch ausgemalt ist auch die Abschiedsszene auf dem Berg am Ende des Evangeliums. Das heißt nun allerdings nicht, dass wir es mit Märlein zu tun hätten. Das Wesen der Legende besteht darin, das Ganze eines Lebens erzählerisch so zu verdichten, dass damit zugleich seine Bedeutung sichtbar gemacht wird. In diesem Sinn rahmen die beiden Szenen auf dem Berg das Leben Jesu und machen in ihrer Gegenüberstellung deutlich, dass man das ganze Evangelium als einen dramatischen Machtkampf lesen kann, als das Gegeneinander der Macht der Gewalt und der Macht der Liebe. Dieser Machtkampf setzt sich dann auch bei den Nachfolgern fort: Wer in der Nachfolge des Gottessohnes selbst Frieden stiftet und den Feinden verzeiht, der wird selbst zum Sohn (bzw. Kind) Gottes (Mt 5,9.44f).

Gottesdienst und Predigt
Mt 4,1–11

Hans-Helmar Auel

Predigt

Doch das Tintenfass warf Jesus nicht!

Was treibt denn der Geist Gottes da? Eben noch können wir mit
Jesus einen Blick in den geöffneten Himmel werfen und sehen,
dass der Geist Gottes herabfährt und über den Gottessohn kommt.
Vom Himmel her spricht eine Stimme: dies ist mein geliebter
Sohn, an dem ich Wohlgefallen habe. Wir erleben einen Augen-
blick tiefster Innigkeit und Zärtlichkeit in der Stille verschweben-
den Schweigens. In diesen Worten liegt alles, was zu sagen ist:
Mein geliebter Sohn. Über seinem Weg stehen diese Worte wie
eine Verheißung. Der von Johannes Getaufte ist der Gottessohn.
Doch schon die nächsten Worte wollen uns erscheinen, als sei die
Verheißung eigentlich ein Verhängnis, und der Gottesgeist ist der
Initiator, der Anstifter. Er weist Jesus den Weg und führt ihn den
Weg, und der führt in die Wüste.

Jemanden in die Wüste schicken, sagen wir noch heute, wenn
wir einen unbequemen Menschen los werden wollen. Wer da in
der Wüste wen loswerden soll, verraten die nächsten Worte, der
Zweck dieses Weges in die Wüste wird nicht verschwiegen. Jesus,
der Gottessohn, soll vom Teufel versucht werden. Wer geht schon
freiwillig in die Wüste? Dort wirst du umhergetrieben, bist dem
Tode ausgeliefert, gehst verloren. An diesem Todesort predigte
Johannes der Täufer von dem Himmelreich, das nahe herbeige-
kommen ist. Dort in der Wüste war für den Propheten, den wir
den zweiten Jesaja nennen, der Ort, da man dem Herrn den Weg
bereiten sollte. Die Wüste ist unfruchtbares Land, in dem keiner
wohnt (Jer 17,6). Sie ist der Garten, in dem Gott spazieren geht,
weil alles Nichtige überflüssig wird und allein das Wichtige bleibt.
Der Geist Gottes führt Jesus in die Wüste, den Gottessohn ver-

sucht dort der Teufel. Gott und Teufel handeln „Hand in Hand", ein merkwürdiges Ineinander.

Beten wir nicht: Führe uns nicht in Versuchung? Lässt Gott die Versuchung zu? Versucht Gott uns? Das Buch der Weisheit (3,5) gibt eine Antwort: Denn Gott versucht sie und findet sie seiner wert! Die Gegenposition formuliert der Schreiber des Jakobusbriefes (1,13): Niemand sage, wenn er versucht wird, dass er von Gott versucht werde. Denn Gott kann nicht versucht werden zum Bösen, und er selbst versucht niemand. Eine dritte Möglichkeit deckt der Schreiber des Hebräerbriefes (2,10) auf: Denn worin er selber gelitten hat und versucht worden ist, kann er helfen denen, die versucht werden.

Dort in der Wüste fastet Jesus 40 Tage und Nächte. Einst blieb Mose auf dem Gottesberg 40 Tage und Nächte. Er aber darf in der lebensstiftenden Nähe Gottes verweilen und wird nicht vom Teufel versucht. Damals zu Zeiten des Mose hatte die Karriere des Teufels noch nicht begonnen.

Erinnerungen werden wach an den Propheten Elia. Der ging in die Wüste, setzte sich unter einen Wacholder um zu sterben, weil er wegen der Drohungen der Königin Isebel um sein Leben fürchtete. Er aber wird durch die göttliche Speise so gestärkt, dass er vierzig Tage und Nächte durch die Wüste bis zum Gottesberg geht (1 Kön 19,8).

Jesu Aufenthalt in der Wüste führt zur Begegnung mit dem Teufel, dem Diabolos, dem Verwirrer, und die führt der Geist Gottes herbei. Die Tür zu dieser Begegnung ist der Hunger, richtiger Hunger, den wir oft genug höchstens noch durch Fernsehbilder vor Augen bekommen, aber nicht mehr die knurrenden Mägen verspüren und die Mattigkeit von Leib und Seele. Genau dort aber setzt der Teufel an. Er glaubt, Jesu Schwachstelle ausgemacht zu haben. Geschickt nimmt er die Worte der Himmelsstimme auf, eine erste Probe aufs Exempel: Wenn du der Sohn Gottes bist, so sprich, dass diese Steine Brot werden. Welch eine Möglichkeit. Brot für die Welt, für alle Welt, für einen selber. Alles ist so einfach. Man braucht nur die Steine für Brot zu erklären. Und wenn du wirklich der Gottessohn bist, dann hast du Anteil an der Macht des Schöpfers. Dann kannst du aus Steinen Lebensmittel machen. Ein Tischlein deck' dich für alle Tage, ausgesorgtes Leben, weil alle versorgt sind. Wenn alle Bedürfnisse des Menschen befriedigt sind, dann ist der Mensch zufrieden, dann lässt er auch Gott zufrieden, lässt ihn einen guten Mann sein. Und das soll Gott sein? Der Mensch lebt nicht vom Brot allein, antwortet Jesus, sondern von jedem Wort, das aus dem Munde Gottes kommt!

Der Mensch, sagt Jesus, und schließt sich ein. Er sagt nicht: Ich! Am Anfang seiner Erwiderung aber, mit allem Gewicht des Anfangs, ein Wort: Es steht geschrieben. Das Wort Gottes ist nachlesbar, muss nicht erfunden werden. Im fünften Buch Mose, im achten Kapitel, im Vers drei. Dort steht es geschrieben. Wer aber auf das Wort hört, das aus dem Munde Gottes kommt, der ist Gott gehorsam. Da haben wir das Lebensmittel des Gottessohnes, Gottes Wort, und selbst der Teufel scheint das zu schlucken, käut es gar wieder.

Er führt den Gottessohn aus der Wüste auf die Zinne des Tempels in der Heiligen Stadt, und der Gottessohn lässt sich von ihm führen. Selbst den Tempel meidet der Teufel nicht. Auf der Zinne des Tempels, in luftiger Höhe, nimmt er Jesu Gesprächsweg auf, meidet selbst Gottes Wort nicht, macht es sich zu Nutze und beginnt mit der Bibel zu argumentieren. Er geht den Weg weiter, den Jesus mit dem Zitieren der Bibel begonnen hat, als wolle er ihn mit den eigenen Waffen schlagen. Sie reiben sich die Bibelworte buchstäblich in die Ohren.

Wieder beginnt der Teufel mit den Worten: Wenn du Gottes Sohn bist. Diesmal aber geht es nicht um den vollen Bauch, sondern um die öffentliche Anerkennung und Präsenz, den Nervenkitzel, die große Show: Spring da runter und du wirst fliegen, steht doch geschrieben (Ps 91,11.12): Er wird seinen Engeln deinetwegen Befehl geben, und sie werden dich auf den Händen tragen, damit du deinen Fuß nicht an einen Stein stößt! Man möchte diesen wunderschönen Vers mit der Melodie von Felix Mendelssohn-Bartholdy geradezu mitsingen.

So einfühlsam kann man Gottes Wort präsentieren und so verführerisch. Wie verführerisch, das zeigen spätere christliche Schriftsteller, wenn sie von den Flugkünsten des Simon Magus über Rom berichten (ActPetr 31f). Das Wort Gottes hat schon so mancher zur Begründung seiner Show herangezogen, aber die Forderung nach einem Zeichen des Himmels sieht Jesus lebenslang als Versuchung an (Mt 16,1–4).

In der Tiefe spüren wir die Absicht des Teufels. Wir wollen doch einmal sehen, was für dich zählt, Gottessohn. Er will einen Gottessohn ohne Gott, einen vaterlosen Sohn. Aus dem Schrei Jesu am Kreuz: Mein Gott, mein Gott, warum hast du mich verlassen?, hörte mancher, dass der Gottessohn nun vaterlos geworden sei und der Teufel doch gesiegt habe.

Auch diesen Versuch weist Jesus ab. Auf der Zinne des Tempels erwidert er, dass gottlos wird, wer sich Gott verfügbar machen will. Im buchstäblichen Sinne Gott losgeworden ist, wer es versucht: Du sollst den Herrn, deinen Gott, nicht versuchen! Auf diesem Weg wird Jesus bleiben. Selbst bei seiner Verhaftung verzichtet er auf den Schutz der Engel (Mt 26,53.54). Zwar nehmen später unter dem Kreuz Hohepriester mit den Schriftgelehrten und den Ältesten den Gedanken des Teufels auf: Wenn du Gottes Sohn bist, dann steig herab vom Kreuz (Mt 27,41–42). Jesus aber ist Gott gehorsam ein Leben lang und bleibt es auch im Leiden.

Geschlagen gibt sich der Teufel nicht. Er erweitert die Dimension. Wieder übernimmt er die Führung. Wieder folgt ihm Jesus. Um zu wissen, was der Teufel mit dir vorhat, musst du ihm folgen, um es dir zeigen zu lassen. Erst dann wird sich zeigen, ob du ihm folgst oder den Weg gehst, den Gott mit dir geht. Nicht zum letzten Mal wird sich Jesus auf einen hohen Berg wiederfinden. Dort predigt er, wird verklärt und hört ein zweites Mal die Worte seiner Taufe (Mt 17,1ff).

Einst zeigte Gott Mose auf dem Berg die Weltreiche (Dtn 41,1–4), jetzt zeigt der Teufel dem Gottessohn alle Reiche der Welt und ihre Herrlichkeit und bietet ihm die Weltherrschaft an. Hinter aller Weltherrschaft steht letztlich der Teufel. Deshalb soll Jesus vor ihm niederknien und ihn anbeten. Später wird Theodor Fontane dichten:

Es kann die Ehre dieser Welt
dir keine Ehre geben.
Was dich in Wahrheit hebt und hält
muss in dir selber leben.

Jetzt redet der Teufel nicht mehr vom Gottessohn. Es geht nicht um Gott. Es geht um Macht, die keine Bindung mehr an Gott hat, nicht mehr inne hält und sich nicht mehr in Frage stellen lässt. Aus dem Gottessohn würde ein Teufelssohn. Das weist Jesus von sich, weist den Teufel zurück und weist ihn in seine Schranken: Weg mit dir, Satan. Du sollst anbeten den Herrn, deinen Gott, und ihm allein dienen. So steht es geschrieben. Doch mit dem Tintenfass wirft Jesus nicht. Aber am Ende, das ein Anfang ist, wird er seine Macht kundtun. Es wird eine Macht sein im Himmel und auf Erden (Mt 28,18), und die hat ihm sein Vater gegeben.

Man kann auch den Teufel loswerden, ein Wörtlein kann ihn fällen. Er muss seine Führung aufgeben. Er kann Macht über Menschen haben, er kann sie aber auch verlieren. Jesu Gottessohnschaft ist kein Ausweis von Macht, sondern Ausdruck seiner Beziehung zum Vater. Sein ganzes Leben ist Dienst (Mt 20,28). Wahre Macht zeigt sich nicht im Herrschen. Wahre Macht zeigt sich im Dienen.

Da treten Engel zu ihm und dienen ihm. Plötzlich erhalten die Psalmworte, die der Teufel zitierte, ihren wahren Sinn. Gott ist da und schützt. Der Gottessohn braucht das Gotteswort nicht auszuprobieren. Er hört auf es und vertraut darauf: Dein Wort ist meines Fußes Leuchte und ein Licht auf meinem Wege (Ps 119,105). Jeder Schritt, den wir wagen, ist ein Schritt ins Ungewisse. Auf diesen einen Schritt fällt das Licht des Wortes Gottes. Mag auch die Zukunft im Ungewissen liegen, Gottes Wort erhellt deinen Weg schrittweise. Das ist Jesus, dem Gottessohn, genug.

Gottesdienst

Invokavit I

PSALM 91

BITTRUF

> Der Menschensohn ist nicht gekommen, dass er sich dienen lasse, sondern dass er diene und gebe sein Leben zu einer Erlösung für Viele (Mt 20,28), denn er erbarmet sich unser.

Liebet eure Feinde und bittet für die, die euch verfolgen, damit ihr Kinder seid eures Vaters im Himmel, denn er lässt seine Sonne aufgehen über Böse und Gute und lässt es regnen über Gerechte und Ungerechte (Mt 5,44.45). Ihm lobsingen wir mit allen Christen auf Erden, mit allen Toten unten in der Erde, mit allen Zukünftigen, die noch getauft werden, und mit allen Engeln in den Himmeln.

KOLLEKTENGEBET

Und wenn die Welt voll Teufel wär und wollt uns gar verschlingen, so fürchten wir uns nicht so sehr, es soll uns doch gelingen. Der Fürst dieser Welt, wie sau'r er sich stellt, tut er uns doch nicht; das macht, er ist gericht: ein Wörtlein kann ihn fällen (M. Luther EG 352,3). Amen.

LESUNGEN

Hebr 4,14–16
Gen 3,1–19

GEBET

Allmächtiger Gott, führe uns nicht in Versuchung, beten wir mit den Worten, die du uns gelehrt hast. Wir ahnen die Fallen, die wir uns selbst stellen, wir ahnen die haltlosen Versprechungen, denen wir nachjagen, und fallen doch immer wieder herein. Lass uns Halt finden an unserem Herrn Jesus Christus, der den Versuchungen standhielt, weil er sich in dir geborgen wusste und Halt fand aus jedem Wort, dass aus deinem Mund kommt. Und wenn es uns geht wie dem Propheten Jeremia, dem deine Worte zum Trugbach wurden, dann lass uns unsere Klage vor dich bringen und höre du uns an. Stärke uns dann, damit wir uns wieder erheben können und mit den Worten deiner Verheißung leben. Amen.

LIEDER

Ein feste Burg ist unser Gott (EG 362)
Ach bleib mit deiner Gnade (EG 347)
Mache dich, mein Geist, bereit (EG 387)
Mit meinem Gott geh ich zur Ruh (EG 474)

Das missverstandene Brotwunder in Joh 6,1–15

Johannes Becker

Die Brotvermehrung ist in sechsfacher Variation überliefert. Sie ist das im Neuen Testament am häufigsten erzählte Wunder. Markus bietet es als Speisung der 5000 (Mk 6,35–44) und der 4000 (Mk 8,1–10). Matthäus hat beide Fassungen übernommen (Mt 14,13–21; 15,32–39). Lukas, der Doppelungen vermeidet, beschränkt sich auf die Wiedergabe von Mk 6 (Lk 9,10–17). Das Johannesevangelium[1] greift wahrscheinlich auf kein synoptisches Evangelium zurück. Es verarbeitet eine Erzählform, die sich früh in der mündlichen Tradition von der in Mk 6 literarisierten Form abkoppelte.[2]

Vergleicht man diese Erzählweisen, ergibt sich, dass mit der Großkomposition in Joh 6 die eigenständigste Variante erzählt ist. Wie bei allen johanneischen Wundern sind es auch hier zwei auffällige Erzählziele: Die Souveränität Jesu in Gestalt seiner selbstbestimmten Entscheidung zum Wunder und die Steigerung des wunderbaren Vorgangs, die bisherige Grenzen durchbricht.

---

1   Die Diskussion über das vierte Evangelium ist breit gefächert. Ich gebe nur einige Kommentare aus der jüngsten Diskussion an: J. Becker: Das Evangelium nach Johannes I-II (ÖTK 4,1–2) Gütersloh ³1991; U. Schnelle: Das Evangelium nach Johannes (ThHKNT 4) Leipzig 1998; Chr. Dietzfelbinger: Das Evangelium nach Johannes I-II (ZBK 4,1–2) Zürich 2001; H. Thyen: Das Johannesevangelium (HNT 6) Tübingen 2005; M. Theobald: Das Evangelium nach Johannes Kapitel 1–12 (RNT) Regensburg 2009. Eine reichhaltige Untersuchung zu Joh 6 und den verwandten Texten bietet M. Labahn: Offenbarung in Zeichen und Wort (WUNT 2/117), Tübingen 2000. Die aktuellste Literaturliste kann man bei M. Theobald, Joh 845ff nachlesen.

2   Wahrscheinlich kennt der vierte Evangelist das Brotwunder nicht direkt aus der mündlichen Tradition, sondern über eine Zeichenquelle, die aus einer Vielzahl (vgl. Joh 20,30f) sieben Wunder des Sohn Gottes auswählte. Näheres dazu bei J. Becker, Joh 134ff und M. Theobald, Joh 32ff.

So existiert beim Brotwunder keine Notlage bei der Volksmenge (anders Mk 6,34–36). Vielmehr handelt Jesus in Joh 6 und durchweg auch sonst aus freiem Entschluss (Joh 6,5.10; vgl auch 2,4–7; 5,6). Wo sich eine schwierige Ausgangssituation eingestellt hat, ja sogar eine Bitte zu helfen an ihn herangetragen wird (z. B. 2,3f; 11,3ff), reagiert Jesus nicht aus Mitleid mit den Menschen. Ist der synoptische Jesus durch dieses Stichwort gekennzeichnet (Mt 9,36; Mk 1,41; 6,34; Lk 7,13), so fehlt es bei Jesu Wunderhandeln im Johannesevangelium. Jesu Handeln kommt in ihm nur so zur Geltung, dass auf den Willen des Vaters aufmerksam gemacht wird, den der Sohn erfüllt (Joh 3,31f.35; 4,34; 5,19f.30).

Wo dieser väterliche Wille und die dem Sohn gegebene Vollmacht allein das Wirken des Sohnes bestimmen, ist der Horizont geöffnet, auch die Wunder überdimensional zu zeichnen, denn Gott vermag selbstverständlich „alles". So hat die Einheit von Vater und Sohn (10,30) zur Folge, dass des Sohnes Taten an keine Grenzen gebunden sind. Das wird schon an der Auswahl erkennbar: Wein- (2,1ff) und Brotwunder (6,5ff), Seewandel (6,16ff) und Auferweckung des Lazarus (11,1ff) sind auch für die Antike schwer glaubhafte Supertaten. Von den sieben Wundern des johanneischen Jesus zählen damit über die Hälfte zur Klasse ganz außergewöhnlicher Taten. Von der Überdimensionalität zeugen weiter die Qualität des Weines und seine Fülle (2,6.9). Oder die Ausgangsmenge von fünf Gerstenbroten und zwei Fischen (6,9) wird in einer Größenordnung vermehrt, dass 5000 Personen satt werden (6,10). Und die eingesammelte Restmenge übertrifft noch bei weitem die Ausgangsmenge der Nahrung (6,13).[3] Beim spektakulären Seewandel (6,16ff) steigt Jesus nicht ins Boot. Er kommt nahe an das Schiff heran und sorgt durch ein Anschlusswunder dafür, dass das Boot sofort ans Land entrückt wird. Und endlich die auch in der „wundergläubigen" Antike unvorstellbare Wiederbelebung eines Leichnams, der schon in Verwesung übergegangen ist (11,39), zeugt von der „Herrlichkeit Gottes" (11,40), die zugleich die des Sohnes ist (2,11).

---

3   Im Falle von Joh 6,1ff enthalten schon Mk 6,38.41.43f die Motive eines Superwunders. So kommt das Ziel, Großwunder zu erzählen, in diesem Fall durch Übernahme zustande. Nur Mk 6,37 ist in Joh 6,7 gesteigert: Nun reichen für einen Einkauf 200 Denare nicht mehr aus.

Der vierte Evangelist ist allerdings missverstanden, lässt man Jesu Wirken in den grellen Wundern aufgehen. Denn bei aller erstaunlichen Größe bleiben die Wunder auf irdische Güter beschränkt. Lazarus erhält nur eine irdische Lebensverlängerung. Auch die Brotgabe sättigt Menschen nur auf Zeit. Für den Evangelisten sind darum die Wunder „Zeichen" (so der johanneische Wunderbegriff: Joh 2,11.23; 3,2; 6,2.14 usw.), die anregen sollen, nicht solche irdischen Güter, sondern mehr vom Sohn Gottes zu erwarten. Dieses „Mehr" beinhaltet einen Qualitätssprung. Denn man soll von Jesus nicht noch mehr irdische Gaben erhoffen (6,26f), sondern ihm abnehmen, dass er selbst das Brot des Lebens (6,35), die Auferstehung und das Leben ist (11,25f), also aus dem Totenreich der Weltgeschichte befreien kann. Dieses christologische Thema ist cantus firmus johanneischer Theologie.

Man kann sogar urteilen, dass für den Evangelisten Wundererfahrung kein Konstitutivum für den Glauben ist. Nikodemus akzeptiert Jesu Wunder, doch ihm fehlt Verständnis für die entscheidende Geburt von oben (Joh 3,1–21). Die Samaritanerin erfährt Jesu wunderbares Wissen (4,16–19). Aber Jesus bringt sie erst durch seine Selbstoffenbarung im Wort zum Glauben. Die Zeugen des Brotwunders missverstehen Jesu Tat (6,15.26f). Die Wunder Jesu sind ausdrücklich auch für die Gemeinde entbehrlich. Denn weder die Jünger, die Jesus für sein Werk auf Erden beruft, erhalten Vollmacht zu Wundertaten (anders: Mk 6,7.12f). Noch ist erzählt, dass die Osterzeugen Wundertäter werden (anders die Apg, auch Röm 15,18f; 2 Kor 12,12), noch liest man in den Abschiedsreden (Joh 14–16) oder in den johanneischen Briefen, dass in den geistdurchwirkten Gemeinden Wunder geschahen (anders z.B. 1 Kor 12,28).[4] Wunder bleiben exklusiv auf Jesu Sendung beschränkt (vgl. noch Joh 12,37). Für die Gemeinde jedoch ist diese Zeit des fleischgewordenen Logos (1,14) Vergangenheit. Sie lebt in der Zeit des Geistparakleten (14,16–23), also von dem nach ihrer Meinung allein wesentlichen Wunder, nämlich der Gegenwart des Auferstandenen in ihrer Mitte, der sie in das himmlische Haus seines Vaters führen wird (14,2f).[5]

---

4 Noch Irenäus (Haer II 32,4) bezeugt für die Gemeinden aus seiner Zeit eine verbreitete Wundererfahrung.

Verweilen wir noch bei der johanneischen Christologie! Wir stellten fest: Auch die Brotvermehrung spiegelt die hohe Christologie wider, wie sie der irdische Jesus in Joh 10,30 auf den Punkt bringt. Während die Synoptiker eher eine Christologie „von unter" aufbauen, vertritt Johannes eine Christologie „von oben" (3,31–36 usw.). Er erreicht dies, indem er vom nachösterlichen Glaubenswissen her, nach dem Jesus seit Ostern in einer exklusiven Stellung in der Nähe Gottes existiert (12,32; 13,31–33; 14,2f)[6], Jesu irdisches Wirken und sein Geschick so reinterpretiert, dass diese erst nachösterliche Erkenntnis in ihrem wesentlichen Gehalt schon ins Bild vom irdischen Jesus eingezeichnet wird: Am fleischgewordenen Logos kann man im Glauben schon irdisch dessen „Herrlichkeit" schauen und aus dieser „Fülle" „Gnade um Gnade" erhalten (1,14.16). Dabei reflektiert der Evangelist durchaus, dass man ohne Glauben an den Gesandten in Jesus nur einen Menschen sieht, der wie alle anderen auch als Glied in der üblichen Generationenfolge steht (6,41f), und dass es, um die göttliche Dimension Jesu zu sehen, der geistlichen Geburt von oben bedarf (3,3–7).

Stellen wir als nächstes die Frage nach der historischen Realität der Brotvermehrung! Kann sich in der sechsfachen Überlieferung historische Wirklichkeit spiegeln? Dazu werfen wir zunächst einen Blick auf Jesu Selbstthematisierung seiner Wundertätigkeit. Sie zeigt eine eindeutige Tendenz: Jesus versteht sich als Therapeut und Exorzist, der leibliche Gebrechen der Menschen heilt (vgl. Lk 7,22f; 10,13–15; 11,20; 14,3–5). Dabei stellt er dieses heilende Wirken in einen Großhorizont, nämlich unter die alles umfassende Gottesherrschaft, die in seinem Wirken als letzte heilsame Bestimmung jetzt zu den Menschen kommen will. So vervollständigt die Wundertätigkeit neben den Gleichnisreden und seinen Mahlgemeinschaften seine Zuwendung zu den Zeitgenossen. Auch stößt man immer wieder auf eine Besonderheit bei der Restitution der Gesundheit der Menschen: Diese wunderbaren Vorgänge sind nämlich eingebunden in das Spannungsfeld von Ärgernis (Mt 11,6; Mk 6,4–6) und Glaube der Menschen (Mt 8,10; 9,28; Mk 9,23f;

---

5   Die johanneische Geisterfahrung unterscheidet sich noch in einem weiteren Fall von anderen Gemeinden: Der johanneische Gemeindekreis praktiziert offenbar kein Zungenreden (vgl. urchristlich 1 Kor 12–14; Apg 10,46).

6   Vgl. dazu beispielhaft die vorjohanneische Aussage in Phil 2,9–11.

11,23). Diese entscheidende personale Relation zu Jesus, mit der entschieden ist, ob Jesus heilt oder nicht, hat die Kehrseite, dass die Wunderüberlieferung der Synoptiker Jesus in signifikanter Weise vorrangig an einzelnen Menschen wirken lässt.

Nun gibt es wenige Wunder, die außerhalb dieses Gesamtbildes stehen. Dazu wird man auch das Brotwunder stellen. Es geschieht nicht an einem einzelnen Menschen, sondern pauschal für viele, und zwar durch ein Wunder an einer dritten sächlichen Größe, sodass wir es mit einem Geschenkwunder unter Zuhilfenahme der Natur zu tun haben (Analogie: Joh 2,1–11). Kann Jesus auch solches Wunder vollbracht haben? Vor einigen Jahrzehnten gab es darauf in der Regel eine schnelle Reaktion: Das neuzeitliche Weltbild verweise solche Wunder ins Reich der Legende. Da eine von numinosen Kräften durchwirkte Welt eine vergangene mythische Welt sei, gelte es, solche Texte zu entmythologisieren. Doch die anhaltende Diskussion um die Relativität grundsätzlich aller Verständnisse der Wirklichkeit mahnt zur Zurückhaltung gegenüber solcher glatten Schlussfolgerung. Erhebt sie doch das neuzeitliche Wirklichkeitsverständnis zu einem absoluten Maßstab über alle anderen Deutungen, wo es doch selbst auch nur relative Ansprüche geltend machen kann. Soll man sich dann, wie es ein Zweig der Semiotik will, um die uns indessen fremd gewordene antike Weltdeutung bemühen, ihr „Funktionieren" zu verstehen suchen, sie als eine Möglichkeit der Wirklichkeitsauffassung respektieren, die Wahrheitsfrage jedoch aus Bescheidenheit gar nicht stellen? Das Bemühen um Verstehen einer fremden Welt in hohen Ehren! Doch wir leben immer zumindest mit einem unreflektierten Wirklichkeitsverständnis, das unsere Lebensweise und Handlungsentscheide lenkt. Es bietet uns lebensnotwendiges Orientierungswissen. Wir können durch Selbsterkenntnis uns diesen Zusammenhang verdeutlichen und ihn auch korrigieren. Aber wir können nicht als Außenstehende staunend vor mehreren Verstehensweisen der Wirklichkeit stehen wie vor Bildern in einer Kunstsammlung. Denn im Ernstfall unseres Lebens wird immer schon unser eigenes Wirklichkeitsverständnis, gespeist von Religion, Kultur und Geschichte, generiert. Wir befinden uns dabei nie in einer neutralen Zuschauerrolle.

Also wie steht es nach diesen Bemerkungen mit der Frage, ob hinter dem Brotwunder eine „wunderbare" Begebenheit steht?

Christen werden einen Grundzug der Schöpfung Gottes darin sehen, dass Verlässlichkeit und Stetigkeit die hoch komplexen Abläufe in der Geschichte des Kosmos prägen. Gott bejaht seine Schöpfung, indem er sie dauerhaft so erhält, wie es in zeitbedingter Weise Gen 8,22 zum Ausdruck bringt. Darum rechnen wir mit einer kontinuierlichen Geschichte der Schöpfung (wenn wir von den Sonderfällen des Anfangs und des Endes absehen). Das besagt: Der Kosmos verliert in seinem geschichtlichen Prozess seine Identität nicht. Dieses Phänomen erfahren wir einerseits als heilsame Gabe für unser Leben, die wir als Teil der Schöpfung bei unserer Lebensführung auf diese Verlässlichkeit angewiesen sind. Andererseits können wir auch recht präzise hochrechnen, was mit uns und unserer Umwelt „zwangsläufig" passiert, wenn wir die Erde weiter ausbeuten und verbrauchen. Die Verlässlichkeit des Schöpfungsprozesses zeigt uns also selbst im Negativen ihre Beharrlichkeit. Darum legt sich ein Urteil nahe, dass die Sonne zu Gibeon und der Mond im Tal Ajalon nicht still stehen konnten (Jos 10,12f), und eine Brotvermehrung wie in Joh 6 nicht vorstellbar ist. Die regelhaften Bewegungsvorgänge unseres Sonnensystems sind ein wesenhafter Aspekt der Verlässlichkeit der Schöpfung. Die im Buch Josua erzählte kosmische Unterbrechung zugunsten einer partikularen Situation auf Erden ist uns nachvollziehbar. Für die Vermehrung von Nahrung gibt es bewährte Prozesse in der Schöpfung. Doch wäre es verantwortungslos, in ökumenischer Absprache zu einem allgemeinen Gebetsgottesdienst aufzurufen, um Gott zu bitten, eine äußerst karge Ernte in Afrika spontan wie in Joh 6 zu vermehren, damit keine Hungersnot entsteht, und nach dem Gebet ruhig abzuwarten, was passiert.

Wenn also nach unserer Auffassung dem Brotwunder aufgrund der von uns erfahrbaren „Regelhaftigkeit" der Schöpfung keine Wundertat Jesu als Ausgangspunkt zugrunde liegt, wie kamen dann die Gemeinden nach Ostern dazu, so oft die erzählte Welt der Brotvermehrung zu variieren? Um zu einer Antwort auf die Frage zu kommen, wird man vordringlich an Jesu Mahlgemeinschaften erinnern.[7] Alle drei Synoptiker modellieren dieses Thema

---

7   Vgl. ausführlicher J. Becker: Jesus von Nazaret (de Gruyter Lehrbuch) Berlin 1996, 194ff.

in ihren Jesusbildern. Für die frühen Gemeinden ist zudem bekannt, dass bei ihnen Gemeinschaftsmahle weiter gepflegt wurden (Apg 2,42.46; Gal 2,12).[8] Überhaupt dürften Mahlfeiern ein Merkmal des frühen Christentums gewesen zu sein.[9] Jesus selbst besaß von diesen Mahlzeiten eine präzise Vorstellung. Er wollte durch sie den Menschen die nahende Gottesherrschaft vermitteln. Dabei griff er auf frühjüdische Erwartungen an den am Ende der Geschichte erhofften Vollendungszustand der Gottesherrschaft zurück. Schon Jes 25,6–8 beschreibt ein endzeitliches Heilsmahl, das aus unermesslicher Fülle und paradiesischem Überfluss an Nahrung und Getränken besteht. Dazu gehört ein allgemeiner Friede für die Menschen- und Tierwelt (Jes 62,8f; 65,17–25). Das alles gilt als wunderbares Werk des Schöpfers und königlichen Herrschers (Sir 3,704.717f). Auch für Jesus ist der Vollendungszustand der jetzt nahenden Gottesherrschaft ein immer währendes Heilsmahl, das der Schöpfer den Geretteten ausrichten wird (Mk 14,25; Lk 6,20f; 13,29f). Aufgrund dieser Erwartung feiert Jesus mit den Bewohnern Galiläas Mahlzeiten, bei denen der endzeitliche Glanz der vollendeten Gottesherrschaft schon seine Strahlen erkennen lässt: Das von den Dorfbewohnern gemeinsam ausgerichtete Mahl lässt alle satt werden, auch die Armen (Mt 5,3), ebenso die „Zöllner und Sünder" (Mt 11,18f; Mk 2,15–17). Es ist ein fröhliches Mahl, eben Vorgeschmack des Vollendungsmahles (Lk 15,32; vgl. Mt 5,5).

Auf diesem Hintergrund ist es nun nicht so schwer, sich vorzustellen, dass nachösterliche Gemeinden im Glauben an ihren Herrn, der nun zur Rechten Gottes thront, das Bild der ihnen vertrauten Mahlinszenierungen des irdischen Jesus so ergänzten, dass aus einer „bottleparty" eine wunderbare Speisung wurde.[10] Konnte nicht die Schöpferkraft, die am Ende der Tage das paradiesische Heilsmahl

---

8   Selbst wenn es sich bei Apg 2,42–47 um eine lukanische Gesamtschau der Urgemeinde in Jerusalem handelt, wird man für einzelne Angaben historischen Hintergrund annehmen dürfen.

9   Darüber gibt es eine aktuelle Diskussion: B. Kollmann: Ursprung und Gestalt der urchristlichen Mahlfeier (GTA 43) Göttingen 1990; M. Klinghardt: Gemeinschaftsmahl und Mahlgemeinschaft (TANZ 13) Tübingen 1996; J. Schröter: Das Herrenmahl (SBS 210) Stuttgart 2006; H.J. Stein: Frühchristliche Mahlfeiern (WUNT 2/255) Tübingen 2008.

10 Dazu vgl. G. Theißen / A. Merz: Der historische Jesus, Göttingen ²1997, 267.

herrichten wird, schon in Jesu Erdenwirken soviel österlichen Glanz vorweg aufscheinen lassen, dass der Wundertäter Jesus ausnahmsweise auch ein solches Geschenkwunder, wie in Mk 6,35ff erzählt, inszenieren konnte? Jedenfalls erinnern in der erzählten Welt von Mk 6 die Größe des Wunders (Mk 6,40f.43) und das Sattwerden aller (6,42) an Jes 25,6 (vgl. auch Lk 6,21) und ähnliche Stellen. Auch das „grüne Gras" (Mk 6,39) lässt sich wohl als Farbtupfer aus der Vorstellung von der paradiesische Schöpfung begreifen. Das bedeutet: Grundzüge aus Mk 6 indizieren, dass und wie das Brotwunder mit Hilfe des endzeitlichen Glanzes des Vollendungsmahles dargestellt ist.[11] Und damit kommt ja die Auffassung Jesu von der nahenden Gottesherrschaft durchaus zur Geltung.

Blicken wir von hier auf die johanneische Variante der Brotvermehrung, wird schnell deutlich, dass sie in eine Wirklichkeitsauffassung eingewoben wurde, in der das Leitwort Jesu von der nahenden Gottesherrschaft verschwunden ist. Der vierte Evangelist teilt nämlich nicht mehr Jesu Verständnis der Gottesherrschaft, die die Schöpfung „paradiesisch" erneuert. Nur noch Joh 3,3.5 kommt das Stichwort in einer der synoptischen Tradition nahe stehenden Version vor (vgl. Mt 18,3). An die Stelle dieses Leitwortes samt der damit angezeigten Inhalte ist das Wortplakat des „ewigen Lebens" getreten (Joh 3,15f; 5,24; 6,40 usw.). Hinter diesem Tausch stehen tief greifende Veränderungen im Wirklichkeitsverständnis. Das Johannesevangelium blickt nämlich nicht mehr auf eine Endvollendung in Gestalt eines Heilsmahles, das Kontinuität in der Schöpfung zur Voraussetzung hat (vgl. für Jesus: Mt 8,11f par.; auch 5,3–5 par; 6,25–34 par; 8,11 par; Lk 17,20f). Es beschreibt die Wirklichkeit vielmehr durch Unterscheidung der oberen Welt Gottes von der darunter liegenden Menschenwelt so, dass der oberen Welt allein Vollkommenheit eigen ist, der unteren niemals (Joh 3,12.31 usw.). Oben bei Gott ist die Welt des ewigen Lebens, unten die Welt des Todes. Auch kann von der göttlichen Welt nur exklusiv der Sohn Gottes Kunde geben (1,18; 3,13; 5,31–40). Ebenso kann nur er die Glaubenden in die nun himmlischen Wohnungen ziehen (14,2f). Der qualitative Unterschied zwischen

11 M. Theobald, Joh (Anm.1) 433, denkt an Ps 23,1f Doch der Anklang ist formal, da der Psalm sonst ganz andere Wege geht als Joh 6.

oben und unter bedeutet weiter, dass über Gott und die Vollendung in einer anderen Sprache geredet werden muss. Gott ist nun „Geist", „Leben", „Liebe" (1,4; 4,24; 1.Joh 4,8). Vollendung heißt, an diesen Gütern Anteil erhalten, indem der Sohn in die himmlischen Wohnungen (als Ausdruck der Nähe zu Gott) zieht (Joh 14,2f). Die irdische Welt ist hingegen dem Untergang geweiht (1 Joh 2,17; vgl. auch Joh 3,36). Von hier aus wird klar, warum der vierte Evangelist die Wunder Jesu durchweg zum christologischen Lesebuch ausbaute, also auch das Brotwunder aus dem Rahmen der Gottesherrschaft herausnahm. Für Mahlfeiern als Zeichen der anbrechenden Gottesherrschaft ist im Johannesevangelium kein Platz mehr. Wo überhaupt noch in ihm von Mahlzeiten die Rede ist, sind es familiäre Mahlzeiten wie eine Hochzeit (Joh 2,1ff), ein Dankesmahl für erwiesene Hilfe (12,2) oder Jesu Abschiedsmahl im Kreis seiner Jünger (13,2). Nur eben in Joh 6 liest man noch von einem Mahl mit einer größeren Volksmenge. In dem Ich-bin-Wort vom Lebensbrot in Joh 6,35 ist endlich davon gesprochen, dass diejenigen, die an Jesus glauben, nun im übertragenen Sinn nicht mehr „hungern" und „Durst haben" werden. Damit ist ein Doppelmotiv aus der Vorstellung des endzeitlichen Heilsmahles so abgewandelt, dass es den geistlichen Gewinn des Glaubens kennzeichnen kann.

Was wir soeben als Veränderung im Wirklichkeitsverständnis von Jesus zu Joh 6 wahrnahmen, lässt sich ausweiten: Die ganze urchristliche Literatur ist verstehbar als ein stiller Dialog über ein angemessenes christliches Wirklichkeitsverständnis. Das kann hier im Einzelnen nicht vorgeführt werden. Zweierlei wird aber auch so erkennbar: Das Urchristentum kennt eine Variationsbreite, wenn es darum geht, vom christlichen Standpunkt her Wirklichkeit zu beschreiben. Außerdem erhält das Paulus-Wort aus 1 Kor 13,12f durch solche Beobachtungen eine Unterfütterung.

Blicken wir als nächstes auf die innere Struktur von Joh 6,1–15! Die Gestaltung sprachlicher Äußerungen unterliegt in der Antike im größeren Maße als in der Gegenwart variablen Konventionen. Auch in Joh 6 zeigt sich ein allgemeines Muster in folgender Gestalt:

1. Einleitung: Handelnde Personen und szenische Situation werden
   eingeführt (V. 1–4).

2. Vorbereitung des Wunders: Sie ist hier ausführlich gestaltet als Dialog zwischen dem Wundertäter und seinen Helfern (V. 5–9).
3. Die indirekte Schilderung des Wunders (V. 10–12) und seine Konstatierung (V. 13).
4. Die Akklamation („Chorschluss"): hier durch das Volk (V. 14). Man kann dazu V. 15 stellen. Doch interpretiert der Vers in überraschender Weise V. 14 um und hat zugleich die Funktion, auf Joh 6,16ff vorzubereiten.

Wer sich bibelkundlich orientiert, stellt weiter fest, dass die Varianten des Brotwunders Jesu in 2 Kön 4,42–44, dem Brotwunder des Elisa, einen Hintergrundtext besitzen.[12] Beide Erzählungen weisen zudem selbständige Individualitäten auf. Mk 6 und seine Varianten sind also in keinem Fall eine Neufassung von 2 Kön 4. Doch in beiden Fällen werden in einer „Hungersnot" (2 Kön 4,38; Mk 6,35f) „Gerstenbrote" (2 Kön 4,42; Mk 6,38) vermehrt, wobei ein „Rest" (2 Kön 4,43f; Mk 6,43) übrig bleibt.[13] Damit liegt die Schlussfolgerung nahe: Das Brotwunder Jesu wurde einst unter Rückgriff auf Kernmotive aus 2 Kön 4 gestaltet. Das geschah schon in der vormarkinischen mündlichen Tradition. Darum sind Gründe für diese Anklänge leider nur noch als Mutmaßungen zu erheben. Weiter fällt auf, dass Johannes die Beziehung zu 2 Kön 4 wegen seines christologischen Konzepts dünner werden ließ, indem er die „Notsituation" eliminierte. Sein Erzählinteresse ist also nicht darauf eingestellt, den Bogen zu 2 Kön 4 inhaltlich für das Verständnis von Joh 6 auszunutzen.[14]

Folgen wir der strukturierten Anlage von Joh 6,1–15 und konzentrieren uns auf die Einzelaussagen in den vier Abschnitten! Typischerweise beginnt die Einleitung (6,1–4) mit der Hauptfigur. Sie ist insofern unterbestimmt, als sie schlicht nur mit ihrem Namen definiert wird. Erst in der Akklamation des Volkes ist mehr

---

12 Vgl. dazu M. Labahn, Offenbarung (Anm. 1) 168–176.
13 Zu diesem harten Kern der Koinzidenzen kann man noch ein oder zwei begrenzt nahe Motive stellen. Doch die sind nicht eindeutig
14 Das passt m.E. zum johanneischen Schriftgebrauch. Vgl. dazu J. Becker: Endzeitlicher Geist…, in: Chr. Böttrich (Hg.): Eschatologie und Ethik im frühen Christentum (FS G. Haufe, GTF 11), Frankfurt 2006, 11–30, hier: 24ff.

gesagt: Jesus ist „der Prophet" (6,14). Der dadurch entstandene Spannungsbogen rundet die Erzählung. Das Textsignal des umherwandernden Jesus gehört zum typischen Bild aller Evangelien. Konkret wird die Zielangabe: Jesus „zieht fort" ans „andere Ufer" des Sees (wörtlich: des Meeres) von „Galiläa". Diese übliche Bezeichnung des Sees erhält noch eine Bestimmung, die man am besten so auflöst: „(das ist der See) von Tiberias".[15] Solche Doppelbestimmung für den See ist ganz ungewöhnlich. Auch ist vom „See Tiberias", aufs ganze Neue Testament bezogen, nur in Joh 6,1.23; 21,1 gesprochen. Man wird darum kaum fehl gehen, die Endredaktion, die Joh 21 an das Johannesevangelium anschloss,[16] dafür verantwortlich zu machen, die zweite Benennung des Sees in 6,1 getätigt zu haben, um die Speisungsgeschichten in Joh 6 und 21 zu verbinden.

Wenn es heißt, Jesus „zog weg" ans andere Ufer des Sees, dann ist vom galiläischen Standort her gedacht, sodass Jesus vom Westufer ans Ostufer wandert. Damit harmoniert, dass nach Joh 6,17.24 Jesus später von der Ostseite zum Westufer, genauer nach Kapernaum, zurück kehrt. Aber der voran stehende Text in Joh 5, auf den sich das Itinerar in Joh 6,1 zurück beziehen muss, ist ganz auf Jerusalem fokussiert. Von einer Mehrtagewanderung (zumindest mit einem Teil des Volkes, vgl. V. 2) von Jerusalem nach Galiläa ist jedoch nichts gesagt. Allerdings hatte Jesu nach Joh 4,46.54 in Kapernaum sein zweites Wunder vollbracht, nämlich eine Heilung, auf die Joh 6,4 generalisierend Bezug nimmt. Offenkundig ist also die Funktion des Itinerars durch Joh 5 gestört.[17]

---

15 Als Herodes Antipas sich am Südwestufer des Sees eine Residenz ausbaute, nannte er sie zu Ehren seines Freundes und römischen Kaisers Tiberius (Regent von 14–37 n. Chr.) „Tiberias". Später bürgerte es sich ein, auch den See als „See von Tiberias" zu benennen.

16 Dazu ausführlich J. Becker, Joh (Anm. 1) 758ff.

17 Die Lösungsvorschläge für dieses Problem sollen hier nicht diskutiert werden. Zieht man die Hypothese einer Zeichenquelle (vgl. oben Anm.2) als Vorlage des Evangelisten zur Hilfe, kann man annehmen, dass das Wunder aus Joh 4,46ff dort einst vor Joh 6,1ff stand. Diese Lösung bekommt neuerdings im Grundsatz Unterstützung durch F. Siegert: Das Johannesevangelium in seiner ursprünglichen Gestalt (SIJD 6) Göttingen 2007, wenn er S.15– 39 die Kriteriologie für den Blick in die Tiefe des johanneischen Textes thematisiert. Diese Ausführungen bleiben gültig, auch wenn man seiner Gesamtschau nicht folgt.

Dass Jünger mit Jesus ziehen, ist wie so oft stillschweigend vorausgesetzt (vgl. 6,3.5.8.12). Eingeführt wird als nächstes das „Volk" (V. 2), das in stattlicher Zahl auftritt und das für das Wunder und die abschließende Akklamation gebraucht wird. Später wird das Volk mit den „Menschen" (V. 10.14) und den „Männern" (V. 10) wieder aufgegriffen. Die ersten beiden Angaben machen deutlich, dass es sich um Männer, Frauen und Kinder handeln soll, also die Rede von 5000 „Männern" sich inklusiver Sprache verdankt und nicht nur männliche Personen meint (wie Mt 14,21 behauptet). Das Volk zieht Jesus hinterher, weil es bereits sah, wie Jesus Kranke gesunden ließ. Als exemplarisches Beispiel dafür erkannten wir schon Joh 4,46–54. Wegen des Tadels bereits in Joh 4,48 wird der Erzähler allerdings die Motivation in Joh 6,2 eher negativ beurteilt haben. Später in Joh 6,15 wird dies dem Leser nochmals klar gemacht.

Joh 6,3 erzählt dann, dass Jesus sich mit seinen Jüngern dem Volk entzieht, indem er einen Hügel (wörtlich: Berg) hinaufgeht. Dort verweilt er untätig. Dass er wie Mose lehrt (vgl. Mt 5,1f), ist nicht gesagt. Erst später wird er lehren, nämlich in der Synagoge zu Kapernaum (6,26.59). Zieht man Mk 6,31f zu Rate, sucht Jesus Distanz zum Volk, so dass der Vers zum Vorboten für 6,15 wird.

Erzähltechnisch müsste nun V. 5 das Wort erhalten. Doch folgt überraschend eine Angabe zum jüdischen Festkalender, hier zum Passafest. Zu keiner Variante der Brotvermehrung gehört sonst ein solcher Hinweis. Zwar spricht der Evangelist selbst an anderen Stellen vom nahenden Passa (2,13; 7,2; 11,55). Aber immer so, dass Jesus sich deswegen nach Jerusalem aufmacht. Von solchem Plan steht in Joh 6,4 nichts. Das Passa fällt vielmehr für Jesus aus, denn er kümmert sich nicht um das Fest. Er ersetzt es sogar im Stillen durch das Herrenmahl, wenn man von Joh 6,4 über 6,23f zu 6,51c–58 vorstößt. Wer Joh 6,51c–58 einer nachevangelistischen Redaktion zuschreibt,[18] wird dann urteilen: Die vom Evangelisten nacherzählte Brotvermehrung erhält, mit Joh 6,4 beginnend, nochmals eine Interpretation. Solche Relecture-Vorgänge sind nicht als solche minderwertig. Vielmehr zeigen sie zunächst ein-

18 Vgl. dazu J. Becker, Joh (Anm.1) 263ff; M. Theobald, Joh (Anm.1) 475ff.

mal, wie lebendig im johanneischen Kreis mit Jesustradition um-
gegangen wurde.[19]

Eingangs der Vorbereitung des Wunders (V. 5–9) lässt der Erzähler wiederum Jesus die Initiative ergreifen (V. 5). Dieser sieht
die große Volksmenge, die später mit 5000 angegeben wird (V. 10),
und beginnt mit Philippus einen Dialog, in den sich bald auch
Andreas einmischt. Ein Dialog als Stilmittel bei der Vorbereitung
eines Wunders wird auch sonst gerne benutzt (vgl. 2,3–5; 5,6f
usw.). Die beiden Jünger kennt der Leser schon aus Joh 1,35–44.
Danach ist Andreas, der Bruder des Simon Petrus (so 1,40 und
6,8). Andreas ist übrigens für den johanneischen Kreis der Erstbe-
rufene. Weil Philippus und dieses Bruderpaar aus Betsaida stammen
(1,44), ist motiviert, warum er und Andreas hier gemeinsam auftreten (so auch 12,21f). Die Frage an Philippus enthält kein Indiz
für Jesu Ratlosigkeit angesichts einer hungernden Menge (wie V. 6
auch bekundet[20]), sondern soll den Jünger ratlos machen, und so
dem Leser zeigen, dass die Logistik für eine Speisung alle überfor-
dert, denn selbst 200 Denare Kapitaleinsatz wären zu wenig.[21]
Diese Sackgasse im Fortgang der Handlung verstärkt Andreas. Ihm
ist zu Ohren gekommen, dass ein Junge den Tagesproviant von
fünf Gerstenbroten und zwei Fischen bei sich hat. Gerstenbrot
(das Brot der Armen im Unterschied zum Weizenbrot, vgl. Offb
6,6), und Fisch sind die übliche Nahrung der Bewohner am See.
Das ist zwar Essbares, aber weit weniger als man für 200 Denare
bekäme. Damit hat der Erzähler die Ausweglosigkeit drastisch
genug beschrieben.

Bei der indirekten Schilderung des Wunders und seiner Konstatierung (6,10–13) wird Jesus abermals aktiv, nun sogar dreifach.
Natürlich ist sogleich seine Anordnung (an die Jünger) zielführend
(erste Aktion): Ohne Lagerung der großen Volksmenge wäre eine
Nahrungsverteilung unmöglich (V. 10). Eine entsprechende Gras-
fläche stand zur Verfügung. Dann spricht Jesus (zweite Aktivität)

---

19 Vgl. dazu J. Zumstein: Kreative Erinnerung (AThANT 84) Zürich ²2004,
15ff.

20 Der Satz stammt vom Evangelisten (vgl. Joh 12,33), der die typische Rolle
eines alles wissenden Erzählers einnimmt. Die Verse 5.7–13 gehören dann
zur Zeichenquelle (vgl. Anm. 2).

21 Ein Tagelöhner bekam, wenn er Arbeit fand, pro Tag einen Denar (Mt
20,2).

wie ein jüdischer Hausvater oder Gastgeber über die eine Tages-
ration Brot den Segen.[22] Danach teilt er (durch die Jünger) Brot
und Fisch an alle aus. Jeder darf nehmen, soviel er zur Sättigung
braucht. Sorge, die Nahrung könnte nicht reichen, kommt gar
nicht erst auf. Obwohl der Erzähler den Ablauf eines üblichen
Picknicks in freier Natur schildert, wird dem Leser klar, dass der
Vorgang eine unanschauliche Tiefendimension besitzt.[23] Dabei ist
noch nicht einmal gesagt, Jesus habe speziell durch die Gebets-
worte das Wunder bewirkt. Wie in Kana (2,1–11) bleiben Ursache
und Vorgang des Wunders unbeschrieben (so auch 2.Kön 4,42–
44). Der Erzähler übergeht dann die Mahlzeit und springt im
Zeitraffertempo an ihr Ende. Er blickt auf den Auftrag Jesu, die
Reste, wie es jüdischer Tischsitte entspricht, einzusammeln (V.13,
die dritte Initiative). Zwölf Körbe werden voll, wohl weil 12 Jünger
tätig wurden (vgl. 6,67). Damit ist demonstriert: Alle hatten über-
reichlich zu essen.

Stil gemäß steht am Schluss die Reaktion der Zeugen (vgl. Mk
1,27; 2,12; Lk 4,36 usw.). In Joh 6,14 ist sie als Akklamation stili-
siert (vgl. Joh 1,49; 4,19; 9,38; auch 3,2). Sie ist trotz des nachfol-
genden Einspruchs (V.15) positiv gemeint. Akklamiert wird Jesus
als „der Prophet, der in die Welt gekommen ist". Ist damit angesichts des Brotwunders, das an das Mannawunder erinnern könnte
(2.Mos 16), an den zweiten Mose, also an den endzeitlichen Propheten aus Dtn 18,15.18 gedacht? Das ist sehr fraglich. Zwar wird
später vom Evangelisten auf das Manna angespielt (Joh 6,31ff),
jedoch in kritischer Weise. Weiter deutet die Wendung „der in die
Welt gekommen ist" auf den Evangelisten (1,9; 9,39; 11,27 usw.).
Sie steht darum sicherlich für seine „hohe" Christologie, nicht nur
für eine prophetische. Bei seinem Texteingriff könnte der Evangelist auch den bestimmten Artikel vor „Prophet" gesetzt haben.
Dann hätte seine Vorlage nur gelautet: „Dieser ist wahrhaftig ein

---

22 Dafür ein Beispiel: „Gepriesen seist Du, Herr, unser Gott, König der Welt,
    der Brot aus der Erde hervorgehen lässt" (mBer 6,1).

23 Ein Anklang an das Herrenmahl ist schwerlich auszumachen: Joh 6,51c–
    58 sprechen vom „Brot", Joh 6,1ff von „Broten". Diesen sind an der letzt-
    genannten Stelle Fische zugeordnet, an der ersten der Wein. An dieser geht
    es um eine Qualifizierung von Brot und Becher (6,55). Im anderen Fall um
    eine Vermehrung. Die redaktionelle sakramentale Reinterpretation des
    Brotwunders ist also aufgepfropft.

Prophet" (vgl. 4,19.44; 9,17).[24] Diese Formulierung wäre zu unspezifisch, um an 5.Mos 18 denken zu lassen, zumal im erzählten Brotwunder ein eindeutiger Mannabezug fehlt.

Der Leser ist dann erstaunt, wie mit Joh 6,15 die Akklamation ins Negative gezogen wird. Nun will das Volk Jesus ergreifen und zum König machen. Kraft göttlichen Wissens (vgl. 1,48; 2,24f; 4,17–19; 5,41; 6,70f; 13,1) durchschaut Jesus die verborgene Einstellung des Volkes. Es will ihn zu seinem irdischen König machen, damit es von ihm dauerhaft leibliche Wohlfahrt bekommt, also in einer Weltordnung irdischer Bedürfnisbefriedigung leben kann. Jesus hingegen will für es das vom Himmel gekommene Brot sein, das ewiges Leben bringt, wenn die Menschen denn an ihn glauben (6,33–35; 18,36f). Des Volkes Hoffen ist so begrenzt, dass es gar nicht auf die Idee kommt, über die Todesgrenze hinaus zu schauen. Das ist sein Elend und Gefängnis. Jesus hingegen kommt als wahrer Retter der Welt (4,42), der in die Wahrheit, Liebe und Ewigkeit Gottes führen will.[25] Dieser Gegensatz: im Irdischen gegründet, bzw. von Gott her kommend, bleibt am Schluss der Erzählung unaufgelöst. Denn der, der ihn allein überwinden könnte, entzieht sich dem Volk (6,15c). Erst die nachfolgende Brotrede arbeitet an diesem Problem weiter und zielt am Schluss auf das im Namen aller Jünger gesprochene Bekenntnis in 6,68f. Für das Wunderverständnis des Evangelisten ergibt sich damit: Auch die spektakulärsten Wunder sind nicht davor sicher, mit ihrer eigentlichen Aussage total missverstanden zu werden.

24 Diese Stellen gehören wohl zur Zeichenquelle (Anm.2). In ihr fallen in die Rahmung durch Joh 1,49 und 20,30f alle anderen christologischen Aussagen. Also müsste der Grundstock aus 6,14 dazu assoziiert werden.

25 Den Vorwurf der Vertröstung aufs Jenseits sollte man daraus nicht konstruieren. Denn der johanneische Kreis kennt seine soziale Verpflichtung (1 Joh 3,11–18; 4,7–21). Eher schon enthält der Text eine Warnung an die Christenheit, die Hoffnung auf transmortale Vollendung nicht zugunsten weltlicher Aktivitäten auszublenden.

Gottesdienst und Predigt
Johannes 6,1–15

Hans-Helmar Auel

Predigt

Der Berg

Ich hebe meine Augen auf zu den Bergen. Woher kommt mir
Hilfe? Da stehen sie und schauen Jesus hilfesuchend nach. Er aber
geht mit seinen Jüngern auf den Berg wie einst Abraham mit Isaak.
Und der Herr sah sie an. Daher sagt man noch heute: Auf dem
Berge, da der Herr sieht (Gen 22,14).

Ich hebe meine Augen auf zu den Bergen. Hatte nicht in den
Zeiten der Wüstenwanderung der Herr Mose auf den Berg gerufen, war selbst auf den Berg hernieder gekommen (Ex 19,20)?
Da begegneten sie sich. Und der Herr hielt schützend die Hand
über Mose. Kamen sie nicht damals zu Elia, ihn zur Hilfe zu rufen,
dreimal, erst befehlend, dann fordernd, endlich bittend? Er aber
saß oben auf dem Berge (2Kön 1,9).

Ich hebe meine Augen auf zu den Bergen. Niedergeschlagen in den
dunklen Tälern erhebe ich mein Haupt. Woher kommt mir Hilfe?
Haben die Väter nicht auf dem Berg angebetet und in Jerusalem,
der Stadt auf dem Berge? Einst wird kommen die Zeit, da werdet
ihr weder auf diesem Berge noch in Jerusalem den Herrn anbeten,
spricht Jesus (Joh 4,20,21).

Ich hebe meine Augen auf zu den Bergen. Auf dem Berg sehen drei
Jünger den verklärten Jesus zwischen Elia und Mose. Und Gott
spricht zu ihm. Geblieben wären sie gerne, hätten sich umfangen
und beschenken lassen. Aber es ist des Verweilens nicht ein Ort.
Wir haben hier keine bleibende Stätte. Unten warten doch die
Menschen, die Jesu Zeichen sahen an den Kranken und in den
Zeichen längst nicht alles sahen, wartet doch in dem fernen und
allzu nahen Jerusalem das Passafest der Juden. Manchmal möchtest

du wie ein Vogel auf die Berge fliehen (Ps 11,1) zu schauen, wie der Herr in der Stille auf steinigem Lande Gras wachsen lässt, um ihm nahe zu sein, der da war, ehe denn die Berge wurden, und der da sein wird von Ewigkeit zu Ewigkeit, wenn die Berge längst nicht mehr sind.

Dann aber müssen die betenden Hände handeln, sich öffnen und zupacken. Jeder der fünf Finger beginnt sich zu regen und beide Hände greifen ein. In dem Augenblick begreifen wir das Zeichen und ahnen seine Tiefe. An den Rändern aber stehen wir wartend mit leeren Händen.

„Bauchlehren"

Da hebt Jesus seine Augen auf und schaut vom Berg. Er sieht die wartende Menge, wie sie ihn erwartungsvoll ansieht. Sie kommt näher, rückt ihm auf den Leib, und er lässt es zu. Später in Jerusalem so sehr, dass sie seinen Leib blutig zeichnen und ihn brechen. Aber die Beine nicht (Joh 19,33). Ob sie erkennen, dass der wahre Gott wahrer Mensch geworden ist?

Noch murren sie nicht wie einst in der Wüste, bejammern nicht ihr Hungerlos. Doch ihre schweigende Nähe fordert auf zum Handeln. Essen und Trinken hält Leib und Seele zusammen, sagt man, und fügt schlitzohrig hinzu: Der Mensch lebt nicht vom Brot allein, es muss auch Schinken darauf sein. Brot für die Welt, die Wurst bleibt hier. Das nehmen wir in uns auf. Martin Luther verdeutlicht unsere Gedanken drastisch: „Manche halten das Evangelium für eine Bauchlehre, daraus man lerne Fressen und Saufen. Und scharret denn ein jeder in seinen Sack, dass nur der Bauch gefüllet werde." Auch der Apostel Paulus wird nicht müde zu betonen: Das Reich Gottes ist nicht Essen und Trinken, sondern Gerechtigkeit und Friede und Freude im Heiligen Geist (Röm 14,17). Ist uns das eingängig?

Das Vorbild des Elisa

Dem Jünger Philippus geht alsbald auf, dass 200 Silbergroschen zur Sättigung einer so großen Menge nicht reichen. Andreas sieht ein „Kindlein", das fünf Gerstenbrote und zwei „Fischlein" bei sich trägt. Er aber traut seinen eigenen Worten nicht. Was ist das für so viele? Hat er etwa den Propheten Elisa vergessen? Einst brachte ihm ein Mann aus dem Ort Schalischa zwanzig Gerstenbrote und Schrotkorn und einhundert Menschen wurden satt trotz der Bedenken seines Dieners. Bedenkenträger gibt es immer, gerade auch dann, wenn Gott sich anschickt, unseren Hunger zu stillen. Doch gilt seine Verheißung: Rufe mich an in der Not, so will ich dich erretten und du sollst mich preisen (Ps 50,15). Der Verheißung können wir vertrauen. Dafür hat Gott seine Propheten gesandt. Dazu ist der Sohn Gottes in die Welt gekommen, wahrer Mensch geworden, um satt zu machen den, der zu ihm kommt. Das Brot vom See Tiberias wird gegeben wie das Gerstenbrot des Elisa mit der Absicht, dass Gott kundtäte, dass der Mensch nicht lebt vom Brot allein, sondern von allem, was aus dem Mund des Herrn geht. Und wie bei Elisa sammeln sie die Brocken auf, damit nichts verloren geht, da selbst von den Brosamen, den Krümeln, noch Menschen satt werden. Hier aber ist mehr als Elisa.

In diesen Klang des Vertrauens auf den, der wahrer Mensch und wahrer Gott ist und das Dankgebet spricht, mischen sich die Obertöne des Psalms 23: Mir wird nichts mangeln. Du weidest mich auf einer grünen Aue. Aus der steinreichen und sandig staubenden Wüste, in der die Väter und Mütter einst saßen, ihr Himmelsbrot aßen, von der Hand in den Mund lebten und doch satt wurden, obgleich sich das Himmelsbrot nicht aufbewahren lässt, ist in der Nähe des Gottessohnes eine himmlische Aue geworden. Doch auch dieser Augenblick wird nicht verweilen. Jesu Zeichen weisen nach Jerusalem. Dort wartet das Passa. Zu viele Erwartungen stellen sich ihm auf dem Weg.

Bedürfnisse

Die Menschen warten nicht nur, sie haben auch hohe Erwartungen. Gesättigt setzen sie auf Wiederholung. Was in der Wüste anfing, wird gleichsam jetzt erfüllt. Der Messias vollendet, was der Prophet in der Wüste begann. Das Wort Gottes ist Fleisch geworden und mit ihm ist mehr als nur der lange verheißene Prophet in die Welt gekommen. Auch die Jünger kennen die Bedürfnisse der Menschen.

Aber ahnen sie deren wirklichen Bedarf? Das Brot des Lebens bringt das, was Menschen in ihrem Hunger nach Leben und in ihrer Daseinsfinsternis suchen. Da ist aber ein entscheidender Unterschied. Das Evangelium geht nicht davon aus, dass Menschen schon wissen, was sie in ihrer Not wirklich benötigen, was buchstäblich notwendig ist. „Ihr sucht mich nicht, weil ihr Zeichen gesehen habt, sondern weil ihr von dem Brot gegessen habt und satt geworden seid" (Joh 6,26), wird Jesus dem suchenden Volk sagen. Eins ist not. Ach Herr, dies eine lehre mich erkennen doch. „Dahin musst du dein Herz richten", sagt Martin Luther, „wenn du das Evangelium hörest, dass es viel mehr gebe, denn die ganze Welt vermöge oder alle Kaiser, Könige, Fürsten und Herrn haben." Aber dahin musst du erst einmal kommen.

Auf dem Berge

Sie sehen zunächst nur, was vor Augen ist. Satt geworden wollen sie mehr. Deshalb sind sie gekommen und wollen ihn zum König machen, gewaltsam, so wie sie ihm später gewaltsam die Dornenkrone aufsetzen und ihn verhöhnen. In seinen Zeichen sehen sie seine Macht, aber sie missdeuten sie. Sein Königreich ist nicht von dieser Welt. König ist er nicht als politischer Befreier, nicht als Erfüller menschlicher Bedürfnisse. Er ist dazu geboren und in die Welt gekommen, dass er die Wahrheit bezeugen soll (Joh 18,37). Die unverstandene Wahrheit jedoch ist, dass er „König" ist schon vom Anfang der Zeiten. Anteil an ihm bekommen wir, wenn er zerbrochen wird. Wer das Zeichen deuten kann, erkennt in dem wahren Menschen den wahren Gott. Der gewaltsamen Inthronisation aber entzieht er sich. Er entweicht wieder auf den Berg, er selbst allein. Denn er erkannte, dass er die Stille nötig hatte. Nur in der Stille wächst heran und reift, was einmal die suchenden Menschen sättigen soll auf ewig: „Er ist Gottes Schöpferwort, das aus dem Schweigen hervorging" (Ign Mgn 8,2).

Gottesdienst

7. Sonntag nach Trinitatis I

PSALM 107

BITTRUF

Jesus spricht: Ich bin ein König. Ich bin dazu geboren und in die Welt gekommen, dass ich die Wahrheit bezeugen soll. Wer aus der Wahrheit ist, der hört meine Stimme (Joh 18,37). Lasset uns ihn anrufen.

LOBPREIS

Und das Wort ward Fleisch und wohnte unter uns, und wir sahen seine Herrlichkeit, eine Herrlichkeit als des eingeborenen Sohnes vom Vater, voller Gnade und Wahrheit. Und von seiner Fülle haben wir alle genommen Gnade um Gnade (Joh 1,14.16).Ihm lobsingen wir mit allen Christen auf Erden, mit allen Toten unten in der Erde, mit allen Zukünftigen, die noch getauft werden, und mit allen Engeln in den Himmeln.

KOLLEKTENGEBET

Wenn das Brot, das wir teilen, als Rose blüht, und das Wort, das wir sprechen, als Lied erklingt, dann hat Gott unter uns schon sein Haus gebaut, dann wohnt er schon in unserer Welt. Ja, dann schauen wir heut schon sein Angesicht in der Liebe, die alles umfängt (C.-P. März). Amen

LESUNGEN

Apg 2,41a.42–47
Ex 16,2–3.11–18

GEBET

Wenn du gibst, o Herr, dann werden leere Hände gefüllt, und wen da hungert und dürstet, den speisest du mit deinen Gaben. Aus deiner Hand kommt unser Brot, kommt unser Leben, unser Tod. Wir danken dir dafür.

Wenn du gibst, o Herr, dann gehen unsere Augen über. Wir sehen, was wir nicht begreifen können. Du stillst das hungrige Verlangen nach erfülltem Leben gerade in den dunklen Tagen der Bitternis und der Klage. Wir danken dir dafür.

Wenn du gibst, o Herr, dann gibst du dich selber. Dein Leben, dein Tod und deine Auferstehung füllen uns an mit dem Lebensbrot des Himmels. Du bist das gebrochene Brot des Lebens, für uns gebrochen. Im gebrochenen Brot haben wir Anteil an dir, der du wahrer Mensch und wahrer Gott bist. Wir danken dir dafür. Amen.

LIEDER

EG 66 (Jesus ist kommen)
EG 221 (Das sollt ihr, Jesu Jünger, nie vergessen)
EG 326 (Sei Lob und Ehr dem höchsten Gut)
EG 222 (In Frieden dein, o Herre mein)
EG 304 (Lobet den Herren, denn er ist sehr freundlich)
EG 420 (Brich mit dem Hungrigen dein Brot)

„Gut hat er alles gemacht!"

Zur Exegese von *Mk 7,31–37*

Florian Wilk

Übersetzung

[31] Und als er das Gebiet von Tyrus wieder verlassen hatte,
kam er über Sidon[1] an das Galiläische Meer,
mitten in das Zehnstädtegebiet.

[32] Und sie *bringen*[2] ihm einen, der taub war und
kaum reden konnte, und *reden* ihm *zu*, dass er ihm
die Hand auflege.

[33] Und als er ihn aus der Volksmenge beiseite
genommen hatte, legte er seine Finger in seine
Ohren, und als er ausgespuckt hatte,
berührte er seine Zunge,

[34] und als er zum Himmel hinaufgeschaut hatte,
seufzte er und *sagt* ihm: „Effatha!", das heißt:
„Lass dich ganz öffnen!"

[35] Und[3] sein Gehör wurde geöffnet, und[4] die Fessel um
seine Zunge wurde gelöst, und er redete richtig.

[36] Und er befahl ihnen, dass sie niemandem (etwas)
sagten; je mehr er es ihnen aber befahl, desto mehr
verkündigten sie (es).

---

1   Viele Handschriften lesen stattdessen: „… als er das Gebiet von Tyrus und
Sidon wieder verlassen hatte, kam er …"; diese Lesart glättet sekundär die
schwer nachvollziehbare Darstellung des Weges Jesu in V. 31.

2   Die kursivierten Verben stehen im Präsens *historicum*.

3   Viele Handschriften bieten die anderen synoptischen Heilungserzählungen
(vgl. Mt 8,3 u. ö.) entsprechende – und darum an dieser Stelle wohl sekundäre – Lesart „und sofort *(kai eutheōs)*".

4   Vielleicht ist hier mit einigen Handschriften das typisch markinische „und
sofort *(kai euthys)*" zu lesen.

³⁷ Und sie gerieten über die Maßen außer sich
und sagten: „Gut hat er alles gemacht!"
und: „Die Tauben macht er hören und[5] Sprachlose
reden!"

Der weitere Kontext

Die Erzählung steht innerhalb des Abschnitts Mk 4,35–8,26, der
schildert, wie Jesus – der zunächst nur in Galiläa tätig war (1,14–
4,34), dabei aber aus dem Umland Zulauf erhielt (3,7f) – seine
Wirksamkeit rund ums Galiläische Meer herum ausdehnt. Die
nördlich und östlich von Galiläa gelegenen Nachbargebiete, die
Jesus betritt, erscheinen als von hellenistischen Stadtrepubliken
dominiert; Markus nennt das Land der Gerasener (5,1), das Gebiet
von Tyrus (7,24.31) und das Zehnstädtegebiet (7,31, vgl. 5,20).[6]
Die pagane Prägung dieser Gebiete illustriert v.a. der Verweis auf
eine Schweineherde und deren Hirten in 5,11–17.

Viele Ausleger sehen deshalb in Mk 4–8 Jesu „Weg zu den Heiden" beschrieben. Markus zufolge kommt Jesus jedoch nur zweimal mit Menschen in Kontakt, die als „Heiden" erkennbar werden:
mit den Schweinehirten sowie den von ihnen herbeigerufenen
Stadtbewohnern (5,11–17) und mit der Syrophönizierin (7,24–
30). In beiden Fällen besteht eine deutliche Distanz: Dieser Frau
begegnet Jesus ungewollt und sehr reserviert (7,24.27); ihre Tochter
heilt er nur aus der Ferne – im Sinne eines Überschusses, den die
Frau dem Israel geltenden Heilswirken Jesu zuschreibt (7,28f) –;
jene Stadtbewohner bitten ihn angesichts der Dämonenaustreibung
und der Vernichtung der Schweineherde, ihr Gebiet zu verlassen
(5,16f). Alle anderen von Markus erwähnten Personen lassen sich
eher als Juden identifizieren. Das gilt für

– den im Land der Gerasener lebenden Besessenen, der als ein
  dem Götzendienst verfallener (vgl. Jes 65,3–7 mit Mk 5,2–5),
  von Fremdmächten besetzter Israelit dargestellt wird,

---

5   Viele Handschriften fügen hier, in sekundärer Angleichung an „die Tauben",
    den Artikel ein.
6   Später verweist er noch auf „die Dörfer von Cäsarea Philippi" (Mk 8,27).

– die Menschen, denen der Geheilte – über den Adressatenkreis seiner Sendung hinaus – verkündet, was Jesus an ihm getan hat, und die darauf mit „Staunen" reagieren (5,19 f),
– die rund 4000 Menschen in 8,1–9, erinnert doch der Satz, einige seien „von ferne gekommen" (8,3), an die Verheißung des Kommens der Diaspora nach Jerusalem (Jes 60,4),
– den Blinden und seine Begleiter, von denen Mk 8,22–26 erzählt, da die anschließend referierten Volksmeinungen über Jesus (8,28) jüdischer Provenienz sind.

So entsteht der Eindruck, dass Jesus auch in Mk 4–8 nur auf Juden zugeht. Dazu passt, dass er nicht die hellenistischen Städte, sondern nur deren Umgebung oder Vororte aufsucht und sich dort (mit Ausnahme des Gebiets von Tyrus!) ebenso unbefangen bewegt wie in Galiläa.[7] Offenbar will Markus zeigen, wie Jesus neben den galiläischen auch die im „heidnisch" geprägten Umland lebenden Juden in sein Wirken einbezieht. So nämlich erweist sich dieser als der messianische Hirte (vgl. 6,34; 8,29) *ganz* Israels.

Gewiss weicht Jesus der Begegnung mit „Heiden" und ihrer Kultur nicht aus. So bedient er sich nach 8,23 eines Heilverfahrens (Absonderung des Kranken, Einsatz von Speichel), das an hellenistische Wunderberichte erinnert. Zudem setzt er sich in Galiläa von jüdischen Speiseregeln (7,3) ab, trennt den Begriff der Unreinheit von körperlichen Vorgängen (7,14 f), um ihn auf sittliche Verfehlungen zu beziehen (7,21–23), und erklärt demgemäß alle Speisen für rein (7,18 f). Er betätigt sich aber nicht selbst als „Heiden"-Missionar, sondern arbeitet an der Formung Israels zu einer auf Nichtjuden hin offenen Glaubens- und Lebensgemeinschaft – und bereitet damit die Gründung der Christengemeinde aus Juden und „Heiden" vor, die nach Ostern, auf der Basis seines Todes, im „Gebetshaus für alle Völker" (11,17) als einem nicht mit Händen errichteten Tempel (14,58) erfolgt.[8]

---

7 Zu den „Außenposten israelitischen Volkstums und jüdischer Religion" in jenen Gegenden und Dörfern vgl. bereits A. Alt, Die Stätten des Wirkens Jesu in Galiläa territorialgeschichtlich betrachtet [1951], in: ders., Kleine Schriften zur Geschichte des Volkes Israel, Bd. 2, München 1953, 436–455, hier 452–455.
8 Zum Ganzen vgl. F. Wilk, Jesus und die Völker in der Sicht der Synoptiker, BZNW 109, Berlin/New York 2002, 29–82, bes. 31–35.65–69.77–79.

Stellung im Kontext

Die Erzählung Mk 7,31–37 ist mit dem weiteren Kontext mehrfach verklammert: Die Erwähnung von Tyrus und Sidon erinnert an die Rede vom Zulauf, den Jesus aus dieser Gegend erhielt (3,8); dass er im Zehnstädtegebiet offenbar schon als Wunderheiler bekannt ist, erklärt sich aus 5,20; das beschriebene Heilverfahren entspricht weitgehend dem in 8,23; darüber hinaus weist der Heilungsvollzug etliche Analogien zur Auferweckung der Tochter des Jaïrus (5,21–24.35–43) auf[9]. Im engeren Kontext verknüpft der Abschnitt 7,31–37 die Erzählungen von der Begegnung Jesu mit der Syrophönizierin (7,24–30) und von der Speisung der 4000 (8,1–9); hier illustriert er, inwiefern die in 7,27 angesprochene, in 8,8 dargestellte „Sättigung" der „Kinder" durch das heilend-helfende Wirken Jesu an Israeliten vollzogen wird.

Aufbau, Genese und Textsorte

Anhand der Hinweise auf die jeweils handelnden Personen lässt sich die Erzählung Mk 7,31–37 wie folgt gliedern: V. 31: Ortsangabe, Einführung Jesu / V. 32: Situationsangabe, Einführung des Kranken und seiner Begleiter / V. 33 f: Beschreibung des heilenden Handelns Jesu / V. 35: Beschreibung des Prozesses und des Resultats der Heilung / V. 36 f: Angabe der Reaktionen Jesu und der Begleiter.

In literarkritischer Sicht kann man die das Geschehen lokalisierende Notiz V. 31 und das den Erzählfluss unterbrechende Geheimhaltungsgebot Jesu in V. 36 (das wie in 1,44 f; 5,43 nicht eingehalten wird) für typisch markinische Zusätze halten. Ohne sie lässt sich der Text in Anlehnung an die formgeschichtlichen Arbeiten Rudolf Bultmanns als „Wundergeschichte" klassifizieren, genauer: als Erzählung von einem „Heilungswunder" bzw. (nach

---

9   Vgl. die Bitte um Handauflegung, die Heilung durch ein aramäisches, von Markus ins Griechische übersetztes Wort und das explizite Schweigegebot an die Zeugen des Geschehens (Mk 5,23.41.43a).

Gerd Theißen) als „Therapie". Die für solche Geschichten typischen Abschnitte und Züge[10] sind

– die Exposition (7,32), in der das Auftreten der Begleiter des Kranken erwähnt, dessen Leiden charakterisiert und die Bitte um Hilfe vorgebracht wird,
– der Hauptteil (V. 33–35), in der zunächst die Vorbereitung der Wunderhandlung, sodann ihr Vollzug durch heilende Berührung, den Einsatz eines heilenden Mittels und das Aussprechen eines fremdsprachlichen Wortes, schließlich ihr Erfolg geschildert wird,
– der Schluss (V. 37) mit Hinweisen auf die Admiration und Akklamation des Wundertäters.

Lediglich der Verweis darauf, dass Jesus zum Himmel aufschaut und seufzt, stellt dann ein ungewöhnliches Detail dar. So gesehen erscheint 7,32–35.37 als eine relativ konventionelle Heilungserzählung. Deren Zweck liegt nach Bultmann in dem Erweis der „göttlichen Macht" Jesu; „der Kranke kommt nur als Objekt der wunderbaren Heilung in Betracht".[11] Im vorliegenden Fall wird diese Sicht dadurch gestützt, dass das in anderen Therapien belegte Motiv des Glaubens, den Jesus dem Geheilten attestiert (vgl. 5,34; 10,52), fehlt.

Nun fällt jedoch auf, dass die Beschreibung des Heilverfahrens in 7,33 innerhalb der synoptischen Evangelien nur in 8,23 eine Parallele hat; sie bildet also ein Charakteristikum der markinischen Darstellung des Wirkens Jesu am „heidnisch" geprägten Ostufer des Galiläischen Meers. Daher gehört die Ortsangabe 7,31 logisch mit dem übrigen Text zusammen.

Zudem ist, wie Klaus Berger mit Recht betont, „Wundererzählung" an sich kein Gattungsbegriff. Wenn sich ein „Wunder" religionsphänomenologisch „als staunenswerter Erweis charismatischer Macht in erzählter Geschichte" beschreiben lässt, dann kann man feststellen, dass „die verschiedenen Wunder-Erzählungen des

---

10 Vgl. dazu R. Bultmann, Die Geschichte der synoptischen Tradition, FRLANT 29, Göttingen [10]1995, 236–241; G. Theißen, Urchristliche Wundergeschichten, StNT 8, Gütersloh 1974, 57–83.
11 Bultmann, Geschichte, 234 f.

Neuen Testaments einer ganzen Reihe von an der Beschreibung von Einzelfiguren orientierten erzählenden Gattungen" angehören.[12] 7,31–37 gehört demnach zur Gattung *Demonstratio*, in der „ein Geschehen so berichtet wird, daß am Ende die (Augen- oder Ohren-)Zeugen darauf mit Verwunderung, Staunen oder Fragen reagieren". Diese Reaktion soll „die Leser dazu einladen, sich zu identifizieren"; denn der zitierte „Kommentar weist das Geschehen als offenbarungshaft, von Gott kommend aus", und „das Staunen" kann als „eine Art zu glauben" gelten.[13] Vor diesem Hintergrund lässt sich auch V. 36 als stilgemäßes Erzählelement verstehen, da im Übertreten des Schweigegebots Jesu die überwältigende Wirkung seines Wunderhandelns auf die Zeugen zutage tritt.

Damit erweist sich 7,31–37 als schlüssig aufgebaute Erzählung. Beachtet man neben dem Wechsel der Handlungsträger die motivischen Entsprechungen, ergibt sich folgende Struktur:

V. 31	Ort: Jesus kommt aus dem Gebiet von Tyrus über Sidon ans Galiläische Meer, mitten ins Zehnstädtegebiet
V. 32	Situation: Menschen bringen einen fast Taubstummen zu Jesus UND BITTEN IHN UM (HEILUNG DURCH) HAND-AUFLEGUNG
V. 33a	Vorbereitung der Heilung: Jesus nimmt den Kranken beiseite
V. 33b–c	Das (heilende) Handeln Jesu an Ohren und Zunge
V. 34	Das (heilende) Aufblicken und Reden Jesu (Zitat!)
V. 35a–b	Das Ereignis der Heilung von Gehör und Zunge
V. 35c	RESULTAT DER HEILUNG: DER KRANKE REDET RICHTIG
V. 36	Konsequenz: Jesus ermahnt die Begleiter zur Verschwiegenheit, doch sie verkünden umso mehr (was sie erlebt haben)
V. 37	weitere Konsequenz: die Begleiter geraten außer sich und kommentieren zweifach das Wirken Jesu (Zitate!)

---

12 Vgl. K. Berger, Formgeschichte des Neuen Testaments, Heidelberg 1984, 305.

13 Vgl. Berger, Formgeschichte, 310 f 313.

So betrachtet zeigt sich, wie kunstvoll die Erzählung komponiert ist. Ihr Zentrum liegt in V. 34, ihr Höhepunkt aber in V. 37; und dabei entspricht die Doppelung der Kommentare am Schluss der Doppelung der Ortsangaben in V. 31.

Dass Markus eine traditionelle Vorlage verarbeitet hat, ist damit keineswegs ausgeschlossen; ihren Umfang oder gar Wortlaut zu rekonstruieren, dürfte aber unmöglich sein.

Schrift- und Sachbezüge

Die beiden Kommentare in Mk 7,37 lassen den Schöpfungsbericht (Gen 1,31a: „Und Gott sah alles, was er gemacht hatte, und siehe, [alles] war sehr gut.") sowie eine jesajanische Heilszusage an Israel (Jes 35,5 f: „… die Ohren von Tauben werden hören …, und deutlich wird sein die Sprache/Zunge derer, die kaum reden …") anklingen. Auch die Vorstellung des Kranken in Mk 7,32 erinnert an jenes Jesajawort.[14] Dieser Hintergrund unterstreicht die jüdische Identität jenes Mannes und seiner Begleiter, lässt aber zugleich deren Äußerungen einen doppelten Sinn zukommen, da offen bleibt, ob in ihnen Jesus oder Gott als Subjekt zu denken ist.[15] Ähnlich doppeldeutig, nun im Blick auf den Adressaten, wirkt das Reden Jesu in 7,34: Sowohl der Blick zum Himmel (vgl. 6,41 parr.)[16] als auch das Seufzen, in dem gemäß Röm 8,23.26 die Sehnsucht nach Erlösung laut wird,[17] sind Ausdruck der betenden Hinwendung Jesu zu Gott; dann aber kann die Weisung „Lass dich ganz öffnen" ebenso gut an den Himmel gerichtet sein wie an den

---

14 Das seltene Wort *mogilalos* („kaum redend") sowie die Aussage, dass „Taube" zum „Hören" befähigt werden, finden sich im AT nur in Jes 35,5 f; dazu passt ferner die Rede von „Ohren" und „Zunge" in Mk 7,33.35.

15 Vgl. dazu den Wechsel von „der Herr" zu „Jesus" in Mk 5,19 f.

16 Vgl. dazu Hi 22,26[LXX]: „Dann wirst du zuversichtlich gegenüber dem Herrn reden und heiter in den Himmel aufblicken", sowie Sus 35[Th]: „Sie blickte weinend zum Himmel auf, weil ihr Herz auf den Herrn vertraute".

17 Vgl. dazu Jes 35,10. – Mit dem Atemholen des Wundertäters in hellenistischen Wunderberichten hat das Seufzen Jesu also nichts zu tun; gegen J. Gnilka, Das Evangelium nach Markus I: Mk 1–8,26, EKK II/1, Zürich u.a. 1978, 297.

Kranken. Dazu passt ferner das Motiv der Fessel in Mk 7,35, weist es doch die Sprachlosigkeit des Mannes als Wirkung einer widergöttlichen Macht aus (vgl. Lk 13,16). Die Heilung ist deshalb als Anzeichen des Nahe-Gekommen-Seins der Herrschaft Gottes (Mk 1,15) und des Sieges über Satan (3,27) aufzufassen, welche im Wirken Jesu Realität werden. Die Kommentare der Begleiter aber bringen zur Sprache, was dies für die Menschen bedeutet: die Erfüllung der Heilshoffnungen Israels, ja, die Erneuerung der Schöpfung.

In diesem Zusammenhang gewinnt die Verknüpfung der therapeutisch anmutenden Heilpraktiken mit Formen des Gebets und jener doppeldeutigen Weisung in 7,33 f ihren spezifischen Sinn: Jesus wendet sich, auf intime Weise, zugleich dem Mann und Gott zu. Dabei macht er sich zum einen die Sehnsucht des Kranken nach Erlösung zu Eigen und leiht ihm für den Ruf, dass der Himmel sich öffnen möge, seine machtvolle Stimme; zum andern spricht er jenen Mann an, noch bevor dieser ihn hören kann, antizipiert also mit seinem Befehl, sich öffnen zu lassen, schon den Geheilten. So erscheint Jesus als derjenige, durch dessen Wirken Gott zum Menschen und der Mensch zu Gott kommt. Gerade deshalb aber tritt er dann dem Reden über seine Wundertaten entgegen, soweit es geht (7,36). Denn in ihnen erschöpft sich sein Wirken nicht. Gewiss erlauben sie es, ihn als den „Christus" zu erkennen (8,29), den, der Gottes Rettungshandeln ins Werk setzt. Doch als „Gottes Sohn", der Gott und Mensch in umfassender Weise zusammenführt, wird Jesus erst am Kreuz erkennbar (15,39).

Historische Kritik

Dass hinter der Erzählung Mk 7,31–37 ein konkretes Ereignis steht, lässt sich nicht wahrscheinlich machen. Die Lokalisierung und die Charakterisierung des Kranken bleiben vage, und in der Darstellung des Heilungsvollzugs mischen sich stereotype Erzählzüge mit einer schriftgelehrten Reflexion. All dies weist den Text als eine späte Bildung aus.

Andererseits lässt die breite und vielfältige Bezeugung des heilenden Wirkens Jesu kaum Zweifel daran zu, dass er als „Therapeut" wirkte, als Wundertäter wahrgenommen wurde und seinen Heilungen selbst eschatologische Bedeutung zumaß.[18] Dass er sich im Zuge dieses Wirkens auch im Umland Galiläas aufhielt, ist ebenfalls wahrscheinlich.[19] Insofern ist die Heilungsgeschichte in Mk 7 durchaus Ausdruck einer lebendigen Erinnerung an das Auftreten Jesu. Zugleich zeigt sie, dass solche Erinnerung nicht auf den Kreis seiner Jünger beschränkt ist, ja, bei seinen Wundertaten primär auf deren Zeugen im Volk zurückgeht[20] – und sich dennoch von Anfang an mit einer positiven Deutung des Wahrgenommenen und Berichteten verbindet (auch wenn diese ursprünglich nicht so gelehrt und treffend ausfiel wie in 7,37).

Zeitbezug und Botschaft

Als Bestandteil des Markusevangeliums vermittelt die Erzählung den Erstleser/inne/n inmitten einer spannungsvollen Situation eine mehrschichtige Botschaft:

– Im Vergleich mit den Wundertaten antiker Magier[21] besteht die Eigenart des Heilens Jesu darin, dass es durch persönliche Zuwendung erfolgt (7,33), auf seiner unmittelbaren Gottesbeziehung beruht (7,34) und als Zeugnis einer grundlegenden Zeitenwende, der Entmachtung Satans, aufzufassen ist (7,35b, vgl. Mk 3,22–27).
– Im Gegensatz zu den Wundertaten, die dem römischen Kaiser Vespasian im Zusammenhang mit den „Evangelien" von seinem Herrschaftsantritt zugeschrieben werden,[22] dient das Heilen Jesu nicht der Propaganda für ihn (7,36a); vielmehr lässt es die leiblichen Auswirkungen der nahe gekommenen Gottesherr-

---

18 Vgl. G. Theißen / A. Merz, Der historische Jesus. Ein Lehrbuch, Göttingen [3]2001, 269–275.
19 Vgl. T. Schmeller, Jesus im Umland Galiläas, BZ NF 38 (1994), 44–66.
20 Vgl. G. Theißen, Lokalkolorit und Zeitgeschichte in den Evangelien, NTOA 8, Fribourg u.a. [2]1992, 105 ff.
21 Vgl. dazu P. Busch, War Jesus ein Magier?, ZNT 7 (2001), 25–31.
22 Vgl. dazu M. Ebner, Das Markusevangelium, in: ders. / S. Schreiber (Hg.), Einleitung in das Neue Testament, Stuttgart u.a. 2008, 154–183, hier 175–177.

schaft sichtbar werden, welche die Heilszusagen für Israel zur Erfüllung bringt (7,37c).

– Im Unterschied zu den Ankündigungen und Taten jüdischer Zeichenpropheten[23] (vgl. 13,22) gilt das Heilen Jesu nicht den eigenen Anhängern; mit seinen Wundern wird ja nicht die politische Befreiung Israels avisiert, sondern ein Rettungsgeschehen, dass über Israel hinaus auch den Nichtjuden zugute kommt: die Erneuerung der Schöpfung (7,37b).

In diesem Sinne lässt sich das Heilen Jesu freilich nur verstehen, wenn man es als integrierendes Element seines ganzen, von der Taufe bis ans Kreuz und von dort durch das leere Grab an die rechte Seite Gottes führenden Weges begreift; denn erst dieser Weg weist ihn als den aus, der schafft, was er zusagt: die endgültig-heilvolle Gemeinschaft zwischen Gott und Mensch.

Anregungen zur hermeneutischen Reflexion

Eine theologisch verantwortete Erschließung des Abschnitts Mk 7,31–37 für die Gegenwart lässt sich nicht allein aufgrund von bibelwissenschaftlichen Überlegungen durchführen. Im Folgenden soll deshalb nur angezeigt werden, welche Aspekte aus der Sicht eines Neutestamentlers bei solch einer Erschließung zu berücksichtigen sind:

1. Was in einer bestimmten Gesellschaft oder Gemeinschaft als Heilungs*wunder* gilt, wird von ihr selbst aufgrund sie prägender Denkgewohnheiten in Form einer (weitgehenden) Übereinkunft definiert. Insofern führt die Lektüre antiker Heilungserzählungen in der Gegenwart notwendigerweise zu einem Deutungskonflikt. Im Neuen Testament gilt eine Heilung nun aber nicht dann als „Wunder", wenn sie das gesetzmäßig verlaufende Naturgeschehen durchbricht, sondern dann, wenn sie das Maß dessen, was normalerweise erwartbar oder dem Menschen möglich ist, übersteigt und dabei auf Gottes alle gottfeindlichen

---

23 Vgl. dazu P. W. Barnett, The Jewish Sign Prophets – AD 40–70, NTS 27 (1981), 679–697.

Mächte überwindendes Wirken zurückgeführt wird. Daher läuft eine rationalistische Wunderkritik an den neutestamentlichen Texten ebenso ins Leere wie eine rein mythische Interpretation. Vielmehr sind diese Texte geeignet, eine Weltsicht infrage zu stellen, die „charismatische Spielräume" bei der Deutung von Schöpfung und Geschichte kategorisch ausschließen zu müssen meint.

2. Die *Heilung* eines körperlichen Gebrechens gilt im Neuen Testament als „Reflex, Implikat und Dimension des eschatologischen Heils"[24]; insofern dokumentiert sich in ihr die Leiblichkeit jenes Heils. Freilich fällt beides unter den Bedingungen dieser Welt nicht in eins: Es gibt Heilung, die nicht zur Heilserfahrung wird; die Erfahrung jenes Heils überholt jedes Heilungserlebnis; und es gibt solche Erfahrung auch ohne Heilung. Deshalb sind die neutestamentlichen Erzählungen von Jesu Heilungstaten nicht als Hinweis darauf zu lesen, was Menschen hier und jetzt von ihm erwarten können. Sie geben vielmehr der Hoffnung Ausdruck und „Nahrung", dass Gott in Jesus Christus zugesagt hat, alles neu zu machen; sie bezeugen den Glauben, in der Gemeinschaft mit Christus auf dieses Ziel hin unterwegs zu sein; und sie eröffnen damit ihren Leser/inne/n eine Weltwahrnehmung, die fragmentarische Heilserfahrungen zulässt.

3. Die Ausrichtung auf die künftige *Vollendung* des in Christus erschlossenen Heils gehört im Neuen Testament unabdingbar zu dem Christusglauben und der darin realisierten Gottesbeziehung hinzu; dabei ist diese Vollendung zugleich kosmologisch (als neue Schöpfung) und heilsgeschichtlich (als Erfüllung der Verheißungen Gottes für Israel und die Völkerwelt) – und nur so dann auch individuell gedacht. Eine derart geprägte eschatologische Orientierung steht gegenwärtigen Grundhaltungen entgegen, die irdisches Menschenleben und Weltgeschehen als in sich geschlossene Phänomene werten. Gleichwohl ist sie nicht einfach überholt. Vielmehr erweist sie sich darin als aktuell, dass sie sowohl der Dämonisierung als auch der Verherrlichung

---

24 W. Schrage, Heil und Heilung im Neuen Testament, in: G.K. Schäfer / T. Strohm (Hg.), Diakonie – biblische Grundlagen und Orientierungen, Heidelberg ³1998, 327–344, hier 342.

gegenwärtiger Welt-, Gemeinschafts- und Lebenserfahrung – und damit jeder Resignation sowie jeder Verabsolutierung christlicher Glaubenserfahrung – wehrt. Auf diese Weise hilft sie dazu, die Würde von Notleidenden zu wahren und in dem Bemühen, ihre Not zu beseitigen oder doch zu lindern, nicht nachzulassen.[25]

25 Für Rat und Hilfe danke ich Frank Schleritt und Wibke Winkler.

Gottesdienst und Predigt
Mk 7,31–37

Hans-Helmar Auel

Predigt

Eben noch auf fremdem Wege. Ungewollte, reservierte Begegnung mit einer namenlosen Frau. Für ihr krankes Kind bittet sie. Eine Heidin wird sie genannt. Jesus unterwegs im Land der Heiden. Unterwegs zu den Heiden auch? Noch immer klingt in dem Wort „Heide" die Abwertung mit. „Der ist ja ein Heide", kommentierte jüngst ein Zuständiger für einen Friedhof das Ansinnen von Kindern, erwachsenen Kindern, für ihren verstorbenen Vater, getauft, später aus der Kirche ausgetreten, einen Grabplatz zu bekommen. Heide ist immer noch Synonym für Menschen ohne Religion, ohne Glauben gar. Dabei sagt das Wort Heide doch nur, dass da Menschen ihre Religion „auf der Heide" ausüben.

Nichtjüdin ist die bittende Frau, aber eine Religion hat sie dennoch. Religionen leben nebeneinander, oftmals in Konkurrenz zueinander. Von Anfang an lebten Menschen, die an Jesus als den Messias glaubten, unter Menschen, die ihn als Messias ablehnten, und mit denen, die ihn als Messias nicht kannten. Das ist bis heute so. Aber eine Mehrheitskirche, die auf dem Weg zur Kirche der Minderheit ist, lebt nicht unter Heiden, lebt in Konkurrenz mit Religionen und religiösen Systemen, die auf dem Jahrmarkt der Sinngebung ihre Dienste anbieten. Wollen wir unbedingt als religiöse Dienstleister in Konkurrenz treten? In unserer Not verstecken wir uns hinter Schlagworten wie „Wachsen gegen den Trend", in denen nicht einmal mehr Gott vorkommt. Weht in ihnen der Geist Gottes? Unterwegs sind wir und begegnen Menschen. „Gewohnheitsatheisten" (U.H.J. Körtner) sind darunter, Menschen mit anderen Religionen und Menschen auf der Suche. Wir mögen sie Heiden nennen, aber dem Wort sollten wir den rechten Inhalt geben.

Aus der Stadt der Heiden führt uns der Evangelist Markus jetzt zum See Genezareth, den er Galiläisches Meer nennt. Dort bringen

Menschen einen Mann zu Jesus. Der Name des Mannes wird nicht genannt. Aber was von ihm zu sagen ist, ist beredt genug, hätte er doch für sich selbst nur unter großen Schwierigkeiten bitten können. Taub ist er und kann kaum reden, gerade so lallen, unverständlich la la machen wie ein kleines Kind. Wer nicht zu hören vermag, hat es schwer Worte zu formulieren, und eine Taubstummensprache gab es noch nicht. Wie aber vermögen Menschen dann auszudrücken, was sich tief in uns eingedrückt hat? Fehlen uns doch buchstäblich die Worte, die wir ja noch nie gehört haben. In dieser Stille verstummen wir, und doch ist es nicht die Stille, die stumm macht.

Die Menschen handeln nicht nur. Sie reden Jesus zu, dass er dem Kranken die Hand auflege. Hand anlegen soll er im wahrsten Sinne. Da sind Distanz und Reserviertheit nicht mehr möglich. Sie wandeln sich in Nähe. Nicht um Heilung bitten die Menschen. Das Auflegen der Hand wird genügen, wo es doch schon so Vielen genügte, nur den Saum seines Gewandes mit der Hand berühren zu dürfen (Mk 5,28; 6,56). Es ist so, als würde das Auflegen der Hand uns in einen von Gott geschützten Raum hineinstellen, und dieses Sicherheitsraumes bedarf es, um der helfenden und heilenden Macht Gottes begegnen zu können (Ex 33,22.23). Handauflegen ist Segenshandlung und Heilshandlung. Deutlich wird, wozu Gott uns die Hände gegeben hat. Im „Handeln" am Nächsten geschieht Gottes Heil. Deshalb segnet Gott das Werk segnender Hände (Hi 1,10; Ps 90,17), und der Hebräerbrief zählt zu dem, was über Jesus zu lehren ist, das Händeauflegen (Hebr 6,2). Deutlich wird auch, dass körperliches Ausdrucksvermögen und innere Eindruckskraft zusammen gehören. Heilen kann, wer selbst heil ist. Jesus ist der Heiler. Er ist der Heiland. Die Kehrseite beschreibt der Psalm 62,5: „Mit dem Munde segnen sie, aber im Herzen fluchen sie!" Der körperlichen Zuwendung steht die innere Abwendung gegenüber.

Der erbetenen Segens- und Heilshandlung entspricht Jesus auf seine Weise. Zunächst sondert er den Kranken von der Menge ab. Dadurch wird größere Nähe zueinander und Distanz zu den Leuten hergestellt. Für Martin Luther ist das Absondern von der Menge die Konsequenz, die in der Begegnung von Gott und Mensch liegt, denn „es muss dahin kommen, dass gleichsam nichts mehr vorhanden ist als du und Gott allein!" Es muss dahin kommen, sagt er, nicht, es wäre schön, wenn es dahin käme. Dann geschieht es. Ich und du. Wir beide stehen vor Gott. Heilung geschieht abgesondert von den Leuten. Ein Geheimnis wird um sie gemacht, aber geheim halten lässt sie sich nicht

In einer einmaligen Dichte wird die Heilung erzählt, verdichtetes Leben in der Leibhaftigkeit des Heils. Doch schon der Evangelist Matthäus empfand bei seiner Übernahme und Auslegung des Markusevangeliums das Berichtete als anstößig: das Ausspucken, das Stöhnen Jesu. Seine Finger „stopft" er in die Ohren des Kranken. Mit den Fingern wird der erste Kontakt aufgenommen. Das ist so, als bedürfe es dieses kräftigen Fingerzeiges, um der Taubheit erst richtig bewusst zu werden. Buchstäblich werden die Finger in den wunden Punkt gelegt, wie später Thomas seine Finger suchend in Jesu Wunden legen will (Joh 20,25.27). Die ganze Geste ist wie ein Fingerzeig Gottes (Ex 8,15), und der Evangelist Lukas lässt Jesus dann sagen: „Wenn ich aber durch Gottes Finger die bösen Geister austreibe, so ist ja das Reich Gottes zu euch gekommen!" Später wird der große Maler und Bildhauer Michelangelo den Finger Gottes zeigen, der alles neu und alles gut macht.

Die Finger eines Fremden so in sich eindringen zu lassen setzt Nähe und großes Zutrauen voraus. Den Speichel aber eines Menschen an und in den eigenen Körper gar zu lassen, ist allein in gegenseitigem Vertrauen möglich. Da bleibt uns fast die Spucke weg und es will uns die Sprache verschlagen. Handelt Jesus unästhetisch? Und doch ist, so sagt man, der Speichel das Pflaster der Bauern. In Kalabrien ist der Glückspilz (lu sputatu) eigentlich der Bespuckte und in der Eingeborenensprache von Kamerun heißt segnen (mutalli) ausspucken. Noch heute ist es üblich, einem Menschen vor einer wichtigen Aufgabe dreimal über die Schultern zu spucken, und wer tüchtig zupacken will, der muss kräftig in die Hände spucken. Das ist bei den Diskuswerfern zu sehen, wenn sie geradezu liebevoll ihr Arbeitsgerät anspucken, die Spucke sorgfältig auf der Scheibe verteilen und erst dann werfen. Und erst die Torhüter, wie sie kraftvoll auf ihre Handschuhe spucken, um den Ball sicherer fangen zu können. Die Rede aber vom Speichellecken führt uns in die weite Welt des Schmeichelns und der Erniedrigung.

In seiner Passionsgeschichte macht uns Markus noch mit einer ganz anderen Dimension vertraut. Menschen vor dem Hohen Rat (Mk 14,65) und römische Soldaten vor der Kreuzigung (Mk 15,19)

spucken Jesus an. Verachtet und verflucht wird mit dieser Geste des Bespuckens gerade der, der sich mit gleicher Geste Menschen helfend und heilend zuwandte. Wie ausgespuckt aus der Gemeinschaft geht er gemäß seiner Ankündigung (Mk 10,34) in den Tod. Dort werden wir den Messias erkennen. Dann braucht es kein Schweigegebot mehr. Erst in diesem großen Bogen wird die Geste des Spuckens in ihrer ganzen Symbolkraft deutlich.

Dann berührt Jesus die Zunge des Kranken mit seinem Speichel. Immer wieder benützt Markus das Wort berühren, um das Vorsichtige und Zärtliche der Kontaktaufnahme und die Übertragung der göttlichen Kraft hervorzuheben (Mk 5,27–31; 6,56; 8,22; 10,13). Nur in der geschützten Zone des Vertrauens ist all das möglich, zwischen Mensch und Mensch, zwischen Mensch und Gott. Um jemanden ganz nahe an sich heran zu lassen, bedarf es eines Vertrauens, dass alle Ängste der Nähe klein werden lässt. In dieser personenhaften Dichte ereignet sich das göttliche Wunder. Es muss eben dahin kommen, dass gleichsam nichts mehr vorhanden ist als du und Gott allein.

Nachdem Markus in deutlicher Leibhaftigkeit den nach außen handelnden Jesus gezeigt hat, schildert er wie selbstverständlich die hinter diesem sichtbaren Handeln wohnende Innenwelt. Es klingt so, als wolle er sagen: Was da sichtbar geschieht, ist nur möglich, weil zugleich ein unsichtbarer Vorgang spürbar wird. Jesus schaut zum Himmel auf und die Gedanken gehen zurück zum Anfang. Da sah er, dass sich der Himmel aufgetan hatte (Mk 1,10). Von Stund an ist der Blick zum Himmel, zu Gott, nicht mehr verstellt. Gott hat sich geöffnet. Allein von ihm kommt die Kraft, die heilend in diesem Leben spürbar wird. Wer sich der bergenden Kraft Gottes anvertraut, wird sie aber auch wie eine drückende Macht empfinden. Das beschreibt der Evangelist mit einem Wort, das sprachgeschichtlich, Buchstabe für Buchstabe unserem Wort stöhnen entspricht und die Enge ausdrückt, die uns in der Nähe Gottes manchmal umgibt. So wird in dem Ausdruck der Eindruck des dahinter liegenden Gefühls spürbar. Wenn sich der Himmel öffnet und der Glanz Gottes uns umstrahlt, dann erfahren wir Weite und Enge, beides in der Nähe Gottes. Wir spüren die Kraft des Himmels, herbeigerufen und ersehnt, die da auf uns ruht. Und alles verdichtet sich in dem einen Wort Effatha, lass dich ganz öffnen.

Ist der Himmel gemeint? Ist es das Gehör des Kranken? Vielleicht alles beides. Es gibt eben Bande, die allein Gott lösen kann.

Jesus wendet sich wieder der Menge zu. Sein Heilen dient nicht der Propaganda und Selbstbeweihräucherung nach dem Motto, tue Gutes und rede darüber. Er befiehlt ihnen darüber zu schweigen. Aber es kommt wie immer. Wenn wir schweigen sollen, reden wir. Wenn wir reden müssten, schweigen wir. Ja noch mehr. Die Menschen wundern sich über die Maßen, sie geraten außer sich. Ekstatische Momente münden im Lob der Schöpfung. Alles hat Gott gut gemacht wie am Anfang. Alles hat Jesus gut gemacht. Über ihm hat sich der Himmel geöffnet. Mit ihm treten Menschen in den von Gott umgebenen Raum. Mit der Erinnerung des Anfangs wird neuer Anfang möglich. Es ist so, als erfülle sich im Augenblick, was vor Zeiten Propheten schauten und verhießen: Die Tauben hören und die Stummen reden. In der Schöpfung Gottes geschieht Heil, weil Gott die leidende Leiblichkeit in Jesus Christus annimmt. Gott bewahrt uns nicht vor Leid, er bewahrt uns aber im Leid.

Gottesdienst

12. Sonntag nach Trinitatis I

PSALM 147

BITTRUF

Dann werden die Augen der Blinden aufgetan und die Ohren der Tauben geöffnet werden. Dann werden die Lahmen springen wie ein Hirsch, und die Zunge der Stummen wird frohlocken. Denn es werden Wasser in der Wüste hervorbrechen und Ströme im dürren Lande (Jes 35,5.6), weil Gott sich unser erbarmt.

LOBPREIS

Und Gott sah alles, was er gemacht hatte, und siehe alles war sehr gut (Gen 1,31a). Ihm lobsingen wir mit allen Christen auf Erden, mit allen Toten unten in der Erde, mit allen Zukünftigen, die noch getauft werden, und mit allen Engeln in den Himmeln.

KOLLEKTENGEBET

Er hört die Seufzer deiner Seelen und des Herzens stilles Klagen, und was du keinem darfst erzählen, magst du Gott gar kühnlich sagen. Er ist nicht fern, steht in der Mitten, hört bald und gern der Armen Bitten. Gib dich zufrieden (Paul Gerhardt, EG 371,5). Amen.

LESUNGEN

Jes 29,17–24
Apg 9,1–9
Röm 8,18–28

GEBET

Allmächtiger Gott, Hände gabst du uns zum Handeln. Lass uns unsere Hände nicht untätig in den Schoß legen. Einst werden sie von alleine still liegen. Lass uns zum Wohle des Nächsten handeln. Wenn sie sich zu Fäusten ballen wollen, lass sie aufgehen und empfangen, damit sie weiter geben können. Und wenn alles zu schwer wird, dann lass uns unsere Hände falten zum Gebet.

Allmächtiger Gott, Augen gabst du uns zum Hinsehen und Schauen, trübe werden sie von alleine, und einst werden wir sie für immer schließen. Lass uns unsere Augen offen halten und auch dort hinschauen, wo wir am liebsten gar nichts mehr sehen möchten. Und wenn uns das Gesehene weh tut, dann lass wenigstens noch die Tränen fließen, damit wir nicht versteinern.

Allmächtiger Gott, Ohren gabst du uns zum Hören. Manchmal dröhnt in unseren Ohren, was wir vernehmen. Oft genug schalten wir unsere Ohren auf Durchzug, und einst wird kommen der Tag, da wir nur noch den Gesang der Engel vernehmen. Aber heute, wenn wir nicht mehr hinhören, nehmen wir auch nicht mehr die Klagen wahr, die aus den Mündern der Menschen kommen. Wer wird dann unsere Klagen hören?

Allmächtiger Gott, du bewahrst uns nicht vor den dunklen Tälern, aber du bewahrst uns in den dunklen Tälern des Lebens. Mache du alles neu und wohl. Das bitten wir durch Jesus Christus, unseren Herrn. Amen.

LIEDER

Nun lob, mein Seel, den Herren (EG 289)
Schmückt das Fest mit Maien (EG 135)
Komm, o komm (EG 134)
O Durchbrecher aller Banden (EG 388)
O dass ich tausend Zungen hätte (EG 330)
Jesus, meine Zuversicht (EG 526)

Der nackte Christus

Das Kruzifix in der Bonifatius-Kirche Harle

Hans-Helmar Auel

Still hängt er da am Kreuz, im Tod den Kopf mit der Dornenkrone zur Seite geneigt, alles ist ausgestanden, der letzte Atemzug ist ausgehaucht, alle Qual ist zu Ende gebracht. Still hängt er da am Kreuz, und er ist nackt. Kein Lendentuch bedeckt seine Blöße. Nichts ist verhängt, nichts beschönigt an dem Gestorbenen und an dem Kreuzestod. Du siehst in der nackten Leiblichkeit nichts anderes als Gottes wirkliches Kommen in einem Menschen und in aller Menschlichkeit.

Seit über einem Jahrzehnt steht dieses Kruzifix auf dem Altar der Bonifatius-Kirche in Harle. Am Karfreitag zur Todesstunde wird es mit einem schwarzen Tuch verhängt, in der Osternacht zur Auferstehung wird es wieder weggenommen. Am Kreuz siehst du die nackte Wahrheit. Wie kam es dazu, den nackten Leib Christi darzustellen?

Werfen wir einen Blick zweitausend Jahre zurück. Die Kreuzigung war die Todesstrafe der Römer. Aus Berichten dieser Zeit wissen wir: Gekreuzigte sind nackt. Die zehnte Kreuzwegstation beschreibt uns, dass Jesus all seiner Kleider beraubt wurde. Soldaten verlosen sie unter dem Kreuz. Der zum Tode Verurteilte musste den Querbalken, das *patibulum*, zum Kreuzesstamm tragen. Der Querbalken, der 35 kg wiegen konnte, wurde dem Verurteilten an die ausgestreckten Arme gebunden. Der Kreuzesstamm stand schon. Vor dem Verurteilten wurde eine Schuldtafel getragen und danach sichtbar an das Kreuz gehängt. Auf ihr stand in den Sprachen Aramäisch, Griechisch und Lateinisch: Jesus Nazarenus Rex Iudaeorum, Jesus von Nazareth König der Juden, abgekürzt **INRI**. Der Verurteilte wurde entweder an den Kreuzesbalken gebunden oder durch die Handwurzeln und Fußwurzeln an das Kreuz genagelt. Dort hing er nackt, den Blicken aller preisgegeben,

Kruzifix Ev. Bonifatius-Kirche Harle, 1999. Foto: Brigitte Fritz

der letzten Würde und des letzten Schutzes beraubt. Deshalb steht im 5. Buch Mose, 21,22.23: „Verflucht ist, wer am Holz hängt!"

Das sind die historischen Tatsachen, wie wir sie kennen. Nach diesen Vorgaben sollte der Kasseler Bildhauer und Holzschnitzer Hermann Pohl ein Kruzifix erarbeiten und drei Dinge aus der Kreuzigung Jesu getreu zeigen: Das Kruzifix in Form eines T, den Titulus über dem Kreuz und den nackten Leib Christi. Den hatte Herr Pohl noch nie dargestellt, ja es lag außerhalb seiner Vorstellung, den nackten Christus darzustellen. Immer wieder haben wir über drei Jahre Gespräche darüber in der Bonifatius-Kirche geführt. Er hat mit sich gerungen, den Auftrag abgelehnt und sich wieder damit auseinander gesetzt. Dann entdeckte er, dass in der Renaissance (zwischen 1400 und 1550) einige Künstler den nackten Jesus dargestellt hatten[1]: Das neugeborene Jesuskind („… er liegt dort elend, nackt und bloß"; EG 27,2), die Beschneidung nach acht Tagen, den entblößten Körper bei der Taufe im Jordan, den fast tuchlos aus dem Grab sich erhebenden Körper des Auferstandenen, auch die Geißelung und die Kreuzigung. Dann legte Herr Pohl seinen Entwurf vor mit den Worten: „Jetzt bin ich bereit!" Er wolle sich nun an die Arbeit machen, verhieß er beim Abschied. Wenige Tage später verstarb Hermann Pohl. Sein Sohn Friedrich Pohl hat das Kruzifix nach dem Entwurf seines Vaters geschnitzt und in einem Gottesdienst der Gemeinde übergeben.

Da hängt er nun tot am Kreuz, der nackte Messias.[2] Deine Augen bleiben an ihm hängen, du fühlst dich durch die Nacktheit nicht abgestoßen, du hältst inne und in der Stille beginnen die Worte des protestantischen Liederdichters Paul Gerhardt in dir groß zu werden:

> „Wenn ich einmal soll scheiden, so scheide nicht von mir,
> wenn ich den Tod soll leiden, so tritt du dann herfür;
> wenn mir am allerbängsten wird um das Herze sein,
> so reiß mich aus den Ängsten kraft deiner Angst und Pein"
> *(EG 85,9).*

---

1 Siehe dazu die Einführung von G. M. Martin.
2 Siehe schon Michael Weisse (1531). „Um Sechs ward er nackt und bloß an das Kreuz geschlagen" (EG 77,4).

Mitarbeiter

Prof. Dr. Friedrich Avemarie, Marburg
Prof. Dr. Jürgen Becker, Kiel
Prof. Dr. Reinhard Feldmeier, Göttingen
Prof. Dr. Andreas Lindemann, Bethel
Prof. Dr. Gerhard Marcel Martin, Marburg
Prof. Dr. Werner H. Schmidt, Meckenheim
Prof. Dr. Udo Schnelle, Halle
Prof. Dr. Florian Wilk, Göttingen
Prof. Dr. Ruben Zimmermann, Mainz

Wenn Sie weiterlesen möchten

Hans Martin Dober
Film-Predigten

Die von Dober ausgewählten Filme dienen als Anregung für eine Predigt der neuen Art. An bekannten Streifen wie „A beautiful mind", „Wie im Himmel" oder „Cast away" gibt Dober Predigtbeispiele, die jede Gemeinde interessieren kann. Die Predigten schlagen eine Brücke zwischen den Themen der Filme und der Botschaft des Evangeliums. Mit »Vaya con Dios« spricht er beispielsweise über Versuchen und Versuchungen oder an dem Hollywooderfolg »Philadelphia« predigt er über moderne Formen des Aussatzes. Die Gottesdienste sind in der Reihe des Kirchenjahres sortiert, am Wochenspruch orientiert und halten Vorschläge zur weiteren Lektüre bereit. Ein abschließender Essay entwickelt Grundzüge zu einer Theorie dieser Predigtform.

Stephan Goldschmidt / Inken Richter-Rethwisch
Literaturgottesdienste

Es finden sich ausformulierte Gottesdienste zu Texten von Friedrich Schiller, dem kleinen Prinzen von Saint Exupéry, ein Bußgottesdienst mit Texten von Henning Mankell oder ein Sonntagsgottesdienst zu »Ruhm« von Daniel Kehlmann. Richter-Rethwisch und Goldschmidt stellen biblische Texte Seite an Seite mit Stücken der Weltliteratur und zeitgenössischen Werken. Diese Literaturgottesdienste laden von zwei Seiten – von geistlicher und von weltlicher – dazu ein, stets neu wachzurufen, was das Leben mit Sinn erfüllt: Hoffnung, Nächstenliebe, Lebenslust und Freude.

Michael Leonhardi
Gottesdienste dramaturgisch

Zu Themen wie »Sprachspiele« zum Turmbau zu Babel oder »Ausgeträumt« zu den Seligpreisungen stellen Leonhardi und sein Team neue Ansätze für Gottesdienste vor. Zum Thema der Lesung bieten die engagierten Teams Methoden an, die Bewegung bringen in jede Gemeinde – Bewegung zwischen den biblischen Worten und den eigenen, zwischen Gesprochenem und Pantomime, Innovativem und Tradition.

Leonhardi bietet einen Fundus an neuen Ideen sowie deren Umsetzung und zeigt gedankliche Hintergründe dazu auf. Die Entwürfe orientieren sich an der dramaturgischen Liturgie und setzen diese in konkrete Gottesdienstgestaltung um.

Dienst am Wort

Die Reihe für
Gottesdienst und Gemeindearbeit

V&R

Bd. 126: Hans-Helmar Auel (Hg.)
Der rätselhafte Gott
Gottesdienste zu unbequemen
Bibeltexten

2010. 176 Seiten, kartoniert
ISBN 978-3-525-59537-4

Allzu oft sehen wir nur den liebevollen, allseits gerechten Gott,
der in unser Schema passt. Unliebsame oder rätselhafte Züge
blenden wir gerne aus. Diese Gottesdienste öffnen Zugänge gerade zu den unbequemen Seiten Gottes.

Stehen unsere allsonntäglichen Gottesdienste mitten im Leben
oder feiern wir doch nur in unserer heilen Gemeindewelt? Dun-
kle, unverständliche Seiten Gottes blenden wir oft aus, weil es zu
mühsam wäre, sich damit zu befassen. Hans-Helmar Auels Samm-
lung von Gottesdienstentwürfen und Predigten zeigt, wie man
sich auch dem rätselhaften Gott nähern kann. Dazu stellen acht
renommierte Theologen an je einem unbequemen Bibeltext vor,
welchen Zugang sie zu der rätselhaften Seite Gottes gefunden haben. Dabei lösen die Beiträger die Geheimnisse Gottes nicht auf,
sondern versuchen in ihnen und mit ihnen nach Gott zu fragen.

Vandenhoeck & Ruprecht

Dienst am Wort
Die Reihe für
Gottesdienst und Gemeindearbeit

V&R

Band 133: Max Koranyi
**Gottesdienste
zur Konfirmation**
2011. 116 Seiten, kartoniert
ISBN 978-3-525-59541-1

Diese 12 Gottesdienste haben
ein Symbol, einen Dialog oder
eine Geschichte zum Thema,
das die Jugendlichen gerne in
Erinnerung behalten.

Band 132: Wolf Dietrich Berner
**Liedgottesdienste im
Kirchenjahr**
2010. 174 Seiten, kartoniert
ISBN 978-3-525-59540-4

18 Predigten zu den Dichtungen
von Paul Gerhardt, aber auch
zu Liedern von Martin Luther,
Georg Weissel, Matthias Claudius,
Joseph Mohr, Jochen Klepper,
Arno Pötzsch und Jürgen Henkys.

Band 130: Klaus von Mering
**Fürbittengebete für alle
Gottesdienste im
Kirchenjahr**
Band I: Advent bis Pfingsten
2010. 176 Seiten, kartoniert
ISBN 978-3-525-59539-8

Durch eine bildreiche Sprache,
die unsere Lebenswelt entstammt, möchte von Mering
wieder meditative Ruhe in das
gottesdienstliche Beten bringen.
Er bietet eine überraschende For-
menvielfalt und zahlreiche, auch
musikalische Gebetsrufe an.

Band 129: Siegfried Meier
**Krippenspiele
im Gottesdienst**
Steuern, Stern und Stall
2010. 120 Seiten, kartoniert
ISBN 978-3-525-59538-1

Diese Weihnachtsspiele erzählen dramatisch-fröhlich die
große Freude von der Geburt
Jesu Christi weiter. Meier stellt
ausformulierte Gottesdienstent-
würfe aus seinem reichen Er-
fahrungsschatz zur Verfügung.

Vandenhoeck & Ruprecht